BUNDESAMT FÜR FORSTWESEN
BIBLIOTHEK

Geschützte Tiere der Schweiz

Herausgegeben mit Unterstützung des Eidgenössischen Departementes des Innern (Bundesamt für Forstwesen, Abteilung Natur- und Heimatschutz) im Rahmen der Informationskampagne 1979/80 des Europarates «Schutz der Tier- und Pflanzenwelt und ihrer natürlichen Lebensräume».

Dieter Burckhardt
Walter Gfeller
Hans Ulrich Müller

Geschützte Tiere der Schweiz

(mit 153 farbigen Abbildungen)

Schweizerischer Bund für Naturschutz (SBN)
Basel 1980

Erscheint gleichzeitig auch in französischer Sprache
Umschlagbilder:
Eisvogel *Alcedo atthis* (L.) (Vordere Umschlagseite)
Luchs *Lynx lynx* (L.) (Hintere Umschlagseite)
Beide Aufnahmen J. Binggeli, Genf

© 1980
Schweizerischer Bund für Naturschutz (SBN)
Postfach 73, 4020 Basel
ISBN 3-85587-007-1
Druck: Birkhäuser AG, Basel

Inhaltsübersicht

- 7 Einleitung
- 9 **Schutz der Tiere in einer sich wandelnden Landschaft**
- 9 Die Tierwelt der Schweiz
- 10 Die Entstehung unserer Fauna
- 15 Die Landschaft im Wandel
- 19 Naturlandschaft – Zivilisationslandschaft
- 21 Warum Schutz der Tierwelt?
- 23 Welche Tiere sollen wir schützen?
- 25 Wie Tiere schützen?

- 32 **Bilderteil**
- 32 Erläuterungen
- 33 Säugetiere
- 63 Vögel
- 103 Kriechtiere
- 118 Lurche
- 138 Fische
- 141 Wirbellose Tiere
- 144 Wald
- 152 Waldrand, Hecke
- 158 Trockenrasen
- 166 Kiesgrube
- 174 Bach
- 180 Blumenreiche Wiese
- 188 Trockenmauer

- 193 **Der gesetzliche Artenschutz**
- 193 Schutzgrundsätze
- 193 Internationale Schutzvorschriften
- 194 Nationale Schutzvorschriften
- 195 Der bundesrechtliche Artenschutz
- 200 Die wichtigsten kantonalen Schutzvorschriften
- 203 Erläuterungen zur Artenschutztabelle
- 204 Artenschutztabelle

- 216 **Literatur**
- 216 Einführung in die Ökologie
- 216 Bestimmungsbücher
- 217 Rechtlicher Artenschutz
- 217 Im Text zitierte Literatur

- 221 **Verzeichnis der abgebildeten und in der Artenschutztabelle enthaltenen Tiere**

Bildernachweis

Aellen Villy, Genf
38, 78

Bienz Hans, Therwil BL
175

Bille René-Pierre, Sierre VS
37, 45, 57, 63, 72, 75, 86, 90, 91, 93, 95, 96, 117, 138

Binggeli Jacques, Genf
40, 43, 49, 56, 59, 65, 71, 82, 87

Brodmann Peter, Ettingen BL
35, 44, 46, 105, 107, 109, 111, 113, 114, 115, 116, 125, 135

Duscher Ernest, Cernier NE
39, 62, 80, 92, 97

Engadin Press AG, Samedan GR
42, 83

Fuchs Wendelin, Ibach SZ
55

Grossenbacher Kurt, Riggisberg BE
103, 118, 121, 122, 126, 131, 132, 134

Hintermann Urs, Reinach BL
41, 127, 143

Kessler Erich, Oberrohrdorf AG
153

Klages Jürg, Zürich
48, 50

Knapp Arnold, Laupen ZH
36, 66, 78, 79, 100, 130

Krebs Albert, Winterthur ZH
119, 120, 123, 133, 142, 147, 149, 155, 157, 160, 164, 165, 169, 170, 171, 173, 176, 179, 182, 184, 185, 187, 190, 191

Labhardt Alex, Bottmingen BL
64, 77, 88, 89, 94, 102, 104, 128, 129, 167, 183

Labhardt Felix, Bottmingen BL
33, 54, 85, 124, 136, 137

Laurent Georges, Martigny VS
112

Müller Gebhard, Basel
52, 67, 70, 84, 145, 150, 151, 154, 156, 161, 162, 163, 168, 172, 177, 178, 181, 186, 192

Reinalter Mario, Brail GR
58, 60

Robin Klaus, Hinterkappelen BE
47, 53, 76, 99, 101

Ruckstuhl Thomas, Herisau
74, 106, 108, 141, 146, 148, 189

Spaeth Alain, Echallens VD
98

Steiger, A. von/Villiger, Pfeffikon LU
139, 140

Suetens Willy, Hever, Belgien
73

Vogel Peter, Lausanne
34

Weber Darius, Reinach BL
159

Wettstein Heinrich, Zürich
81

Zbären Ernst, St. Stephan BE
51, 61, 68, 69

Einleitung

Als Beitrag zum Naturschutzjahr 1970 erschien das von Prof. *Elias Landolt* verfasste Buch *Geschützte Pflanzen in der Schweiz*. Ein entsprechendes über die Tiere sollte rasch folgen. Verschiedene Gründe haben die Verzögerung des Bandes über die «Geschützten Tiere» verursacht. Da sich der Schutz der Tiere auf drei verschiedene Bundesgesetze abstützt, mussten wir eine andere Art der Darstellung suchen. Die Zahl der bundesrechtlich geschützten Tiere überwiegt zudem bei weitem diejenige der geschützten Pflanzen. Der Schutzbegriff ist auch komplizierter. Neben einem vollständigen Schutz wie für die Fledermäuse gibt es auch differenzierte Schutzbestimmungen. Das Reh darf der Jäger nur in einem gesetzlich festgelegten Rahmen während einer bestimmten Zeit erlegen. Es geniesst also einen gewissen, dem Nichtjäger gegenüber sogar einen vollen Schutz. Grundsätzlich besteht für jedes freilebende Tier ein Mindestschutz, denn der Handel mit freilebenden Tieren ist bewilligungspflichtig. Schliesslich drängt sich bei den wirbellosen Tieren die Frage nach dem Sinn des *Artenschutzes* auf. Braucht es hier nicht in erster Linie Massnahmen zur Erhaltung des Lebensraumes, also *Biotopschutz*, zum Überleben dieser Tiere? Das hat uns dazu bewogen, neben einer Auswahl von geschützten Tieren auch einige Beispiele von Lebensräumen mit Vertretern aus der Kleintierwelt im Bildteil aufzunehmen. Damit soll optisch die Wichtigkeit des Biotopschutzes neben dem Artenschutz unterstrichen werden.

Entscheidend für das Erscheinen des Buches war die Hilfe meiner beiden Mitautoren *Walter Gfeller* und *Hans Ulrich Müller*. *W. Gfeller* steuerte als Kenner der Materie den rechtlichen Teil des Buches bei. *H. U. Müller* übernahm die grosse und schwierige Arbeit des Zusammentragens der Bilder. So zerfällt das Buch nach Autorenschaft und Zielsetzung in drei Teile: Der umfangmässig wichtigste Teil mit den Bildern will Freude am Tier wecken, die Fülle und Mannigfaltigkeit unserer Tierwelt andeuten und dadurch für ihren Schutz werben. Das bildliche Vorstellen des Tieres stand somit im

Vordergrund. Wo kein anderes Bildmaterial vorhanden war, haben wir uns nicht gescheut, auch Bilder von gefangen gehaltenen Tieren zu übernehmen.

Der Textteil will das Thema nicht lehrbuchartig oder vollständig behandeln, sondern mit ausgewählten Beispielen in die Tierwelt der Schweiz und die Problematik ihrer Erhaltung einführen. Schliesslich sollen die tabellarische Übersicht über die geschützten Tiere sowie die Bildlegenden knappe, rasch greifbare Sachinformation vermitteln.

Dieses jüngste Kind des SBN-Verlages muss man im Verhältnis zu seinen Geschwistern sehen. Neben dem erwähnten Buch von *Landolt* zeigt dasjenige von *H. Wildermuth: Natur als Aufgabe* an praktischen Beispielen, wie der Naturschützer seine Arbeit anpacken muss. Das Buch von *Ch. Imboden: Leben am Wasser* stellt die am stärksten bedrohten Lebensräume dar, nämlich die Feuchtgebiete.

Im Zusammenhang mit dem Thema des Buches verlangt das Wort *Tierschutz* eine Klärung. Unter Tierschutz verstehen wir den Schutz von Tierindividuen, vor allem von Haustieren, gegen körperliche und seelische Quälerei durch den Menschen. Der Wichtigkeit dieses Anliegens entspricht ein eigenes Gesetz. Gegenstand des vorliegenden Buches ist aber der *Zoologische Naturschutz*. Er betrifft den Schutz von Arten und Populationen in ihrem Lebensraum.

Neben den bereits erwähnten Personen haben weitere zum Verwirklichen des Buches beigetragen. In erster Linie sind die Fotografen zu nennen, welche uns ihre Bilder zur Verfügung gestellt haben. Wertvolle fachliche Ratschläge und Kritik verdanke ich *M. Broggi, C. Desax, K. Ewald, E. Kessler, A. Krebs, B. Nievergelt, J. Rohner* und *M. Schwarz*. Bei den Bildlegenden haben mitgeholfen *Daniel Burckhardt, Hans Jungen, Trudi Meier, Heiri Schiess, Robert Zingg*.

Die Druckerei *Birkhäuser* in Basel hat keine Mühe gescheut, uns in technischen Fragen zu beraten und die Bilder naturgetreu wiederzugeben. Schliesslich ist der SBN dem *Bundesamt für Forstwesen* für die finanzielle Unterstützung zu grossem Dank verpflichtet.

So hoffen wir, es werde dem Buch gelingen, die Freude an der Tierwelt zu wecken und damit den dringend nötigen Schutz zu fördern.

Dieter Burckhardt

Schutz der Tiere in einer sich wandelnden Landschaft

Die Tierwelt der Schweiz

Wer sich Gedanken über bedrohte Tiere und ihren Schutz macht, muss sich mit der *Fauna*, also der Gesamtheit der Tierarten eines Gebietes, auseinandersetzen. Wir wissen, dass die Glieder einer *Lebensgemeinschaft (Biocönose)* netzartig miteinander verbunden sind und sich gegenseitig beeinflussen. Es bestehen *Nahrungsketten*, an deren Basis die Pflanzen als *Produzenten* stehen. Mit Hilfe des Blattgrüns oder von andern Organen wandeln sie anorganische in organische Stoffe um. Von den Pflanzen leben die Pflanzenfresser, die *Primärkonsumenten*, und von diesen die Fleischfresser, die *Sekundärkonsumenten* verschiedenen Grades, so z. B. in der Nahrungskette Blatt-Raupe-Raubinsekt-Singvogel-Wildkatze-Wolf. Schliesslich bauen Bakterien und Pilze *(Reduzenten* oder *Destruenten)* die toten Organismen und ihre Stoffwechselprodukte wieder zu anorganischen Grundstoffen ab. Neben dieser Beziehung zwischen den Organismen einer Biocönose herrscht unter den Individuen ein Wettbewerb um Nahrung, Raum oder andere Erfordernisse. Die verschiedenen Glieder stehen zudem in Beziehung zum *Lebensraum (Biotop)* und seinem Klima. Dieses dynamische Beziehungsgefüge von Lebewesen untereinander und mit ihrem Lebensraum nennen wir *Ökosystem*.

Es ist hier nicht der Ort, um tiefer in die Grundfragen der *Ökologie*, also der Wissenschaft von den Beziehungen der Organismen (Pflanzen und Tiere) untereinander und mit ihrer Umwelt, einzugehen. Der interessierte Leser findet Hinweise auf weiterführende Literatur auf Seite 216. Uns geht es darum, das Bild des komplizierten, lebenden und sich laufend beeinflussenden Systems vor Augen zu führen.

Welchen Umfang dieses vernetzte System annehmen kann, sollen die folgenden Zahlen und Hinweise andeuten. Die Tierwelt der Schweiz zählt gegen 40000 verschiedene Arten. Diese Fülle kann ein Einzelner weder überblicken noch kennen. Gemessen an den weniger als 10000 Pflanzenarten, davon rund 3000 Blüten- und Farnpflanzen, die in der Schweiz vorkommen (*Landolt*, 1975), ist die Tierwelt artenreich. Gemessen aber an der Gesamtzahl der auf der Erde bekannten Tierarten von über eine Million ist die Fauna der Schweiz allerdings relativ arm. Wer sich diese Zahlen vor Augen hält, versteht besser, wie schwierig es ist, Einblick in den Mechanismus dieses Systems zu gewinnen. Deshalb ist leicht einzusehen, warum Hilfsmassnahmen für eine bedrohte Art oft fragwürdig sind oder bleiben müssen.

In der Schweiz steuert die Tierklasse der Insekten allein etwa 30 500 Arten bei. Davon übernehmen vier Ordnungen den Löwenanteil, nämlich die Hautflügler rund 9000 Arten, die Fliegen ebenfalls rund 9000, die Käfer rund 5500, die Schmetterlinge 3500. Die weiteren 27, in der Schweiz vertretenen Insektenordnungen umfassen noch 3500 Arten. Aus der Klasse der Spinnentiere fallen vor allem die Ordnungen der Webespinnen und der Milben mit 800 und 2000 Vertretern ins Gewicht. Insekten und Spinnentiere, die beide zum Stamm der Gliederfüsser gehören, weisen auch weltweit den grössten Anteil an Tierarten auf. Unsere Fauna setzt sich also zum grössten Teil aus Vertretern zusammen, welche wir nicht kennen, ja von deren Existenz wir keine Ahnung haben.

Wenn wir von Tieren sprechen, denken wir normalerweise an Säugetiere und Vögel, vielleicht noch an die übrigen Wirbeltiere. Zahlenmässig treten die höheren Tiere – der Zoologe nennt sie so wegen der grösseren Masse und der komplizierteren Struktur des Zentralnervensystems – zurück: Säugetiere 86 Arten, Vögel rund 190 Brutvogelarten und rund 170 Durchzügler und Gäste, Kriechtiere 15 Arten, Lurche 20, Fische rund 60.

Die Bedeutung der Wirbeltiere leitet sich nicht nur aus der Sicht des Menschen ab. Als Endglieder der Nahrungspyramide und als grosse Tiere im Vergleich zu den Wirbellosen spielen sie im Naturhaushalt eine wichtige Rolle. Zudem wissen wir sehr viel mehr über ihre Lebensansprüche, Vermehrungsrate, Sterblichkeit usw., also über wichtige Grundlagen im Hinblick auf gezielte Schutzmassnahmen. Wie bescheiden unsere Kenntnisse der meisten wirbellosen Tiere sind, zeigt *Sauter* (1974): Von den 30 500 in der Schweiz zu erwartenden Insektenarten waren bis 1973 erst 15 600 wirklich nachgewiesen.

Die Entstehung unserer Fauna

Die Tierwelt eines bestimmten Gebietes steht nicht nur unter dem Einfluss und Druck der in der Gegenwart herrschenden Verhältnisse, sondern trägt auch den Stempel der Geschichte. Geologische Gegebenheiten und klimatische Einflüsse ändern die Lebensgrundlagen und erzwingen dadurch einen Wechsel von Flora und Fauna. Arten verschwinden, neue ersetzen sie. Das Neuentstehen und das Aussterben von Tieren und Pflanzen ist ein natürlicher Prozess, der seit dem Entstehen von Leben auf der Erde vor mehr als zwei Milliarden Jahren abläuft. Das natürliche Aussterben zeigt aber grundsätzliche Unterschiede gegenüber dem Ausrotten von Tier- und Pflanzenarten durch den Menschen:

1. Beim Aussterben einer Art wird die bestehende Form durch eine neue oder durch eine ganze Gruppe von neuen Arten ersetzt, beim Ausrotten normalerweise nicht.

2. Die Aussterbequote erstreckt sich über einen langen Zeitraum. Pro Jahrtausend starb eine Tierart aus. Der Mensch dagegen hat in den letzten 300 Jahren allein 200 Vogel- und Säugetierformen ausgerottet (*Ziswiler*, 1965).

Entscheidende Ereignisse für die heutige Fauna der Schweiz waren das Entstehen der Alpen und des Jura durch Faltungs- und Abtragungsprozesse im Tertiär, also im Verlauf der letzten 60 Millionen Jahre, sowie der Wechsel von Warm- und Kaltzeiten im Quartär während der letzten 600 000 Jahre in der jüngsten Erdvergangenheit.

Im Tertiär herrschte in Mitteleuropa ein warmes, tropisches Klima mit entsprechender Tier- und Pflanzenwelt. Gegen Ende des Tertiärs und im Quartär wechselten Perioden von bedeutend kälterem Klima mit Warmzeiten. Das Sinken der Temperatur verbunden mit relativ hohen Niederschlägen führte zum Wachsen der Gletscher in den Alpen, in anderen Gebirgen und im Norden. Zeitweise deckte eine mehrere hundert Meter dicke Eisfläche grosse Gebiete von Europa. Die Kälteperioden oder Eiszeiten, deren vier bedeutendste in Mitteleuropa die Namen von vier süddeutschen Voralpenflüssen, nämlich *Günz-*, *Mindel-*, *Riss-* und *Würmeiszeit* tragen, waren von Warmzeiten unterbrochen. In Fauna und Flora wechselten periodisch Vertreter, die einem gemässigten oder subtropischen Klima oder aber einem Kaltklima angepasst waren.

Besonders nachhaltig wirkten vorletzte (Riss) und letzte (Würm) Glazialzeit. Im Höhepunkt der Risseiszeit war die Schweiz bis auf kleine Gebiete im Westen und Süden vollständig von Eis und Schnee bedeckt. Obwohl in der Würmeiszeit die Gletscher nicht mehr so weit vorstiessen, und der Jura sowie die westlichen und nördlichen Teile des Mittellandes neben einzelnen Voralpengipfeln eisfrei blieben, scheinen tiefe

Temperaturen einen starken Einfluss auf Tier- und Pflanzenwelt ausgeübt zu haben.

Toepfer (1963) unterscheidet in der letzten erdgeschichtlichen Periode Mitteleuropas sechs verschiedene Lebensräume, die vom wärmeren oder kälteren Klima geprägt waren.

1. *Tundra.* Baumlos, dichter Unterwuchs, feuchter Boden, Untergrund dauernd gefroren. Im Winter Schneedecke. Als wichtigste Säugetiere: Eisfuchs, Vielfrass, Schneehase, Lemminge, Wollnashorn, Ren (Tundraform), Moschusochse, Mammut.

2. *Subarktischer Wald* (Taiga). Nadelwald, machmal verkümmert oder sumpfig. Im Winter Schneedecke. Braunbär, Vielfrass, Luchs, Schneehase, Rothirsch, Elch, Ren (Waldform).

3. *Gemässigter Wald,* laubabwerfend. Braunbär, Luchs, Flusspferd, Waldnashorn, Rothirsch, Elch, Ur, Wisent, Wasserbüffel, Waldelefant, magotähnlicher Affe.

4. *Warme* kontinentale *Waldsteppe.* Parklandschaft mit laubabwerfenden Bäumen, durchsetzt von wiesen- und weidenartigen Offenflächen. Die Fauna ist eine Mischung der Biotope 3 und 5.

5. *Warme* kontinentale *Steppe.* Wiesen- und weidenartige Offenflächen mit oder ohne Gestrüpp. Sommer heiss, Winter mit Schnee. Pfeifhase, Pferdespringer, Ziesel, Bobak, Przewalski-Pferd, Halbesel, Saiga-Antilope.

6. *Löss-Steppe.* Baumlose mit Gras, Kräutern oder Gestrüpp bestandene Flächen, weniger dicht und Wuchs niedriger als beim Biotop 5. Klima auch im Sommer kalt. Im Winter Schneedecke. Untergrund dauernd gefroren. Fauna wie Biotop 5, ferner: Eisfuchs, Schneehase, Wollnashorn, Ren, Steppenwisent, Moschusochse, Mammut.

In Kaltzeiten stiessen Vertreter der alpinen Fauna in die Tundra und Löss-Steppe vor: Murmeltier, Steinbock und Gemse. Das gilt auch für nordische Formen, die teilweise beim Rückzug des Eises in die Alpen gelangten: Schneehase, Schneehuhn, Birkenzeisig, Ringdrossel.

Einzelne Arten, wie Höhlenbär, Höhlenlöwe, Höhlenhyäne waren an keinen dieser Lebensräume gebunden.

Je nach den klimatischen Verhältnissen und der Höhenlage hat die Fauna der Schweiz in den letzten 100 000 Jahren in ihrer Zusammensetzung bald der einen, bald der andern der aufgeführten sechs Lebensgemeinschaften entsprochen. Je mehr wir uns der heutigen Zeit nähern, desto mehr gleicht die Fauna der gegenwärtigen.

Der gleiche Prozess, den wir heute beim Rückzug eines Gletschers und der allmählichen Besiedelung der vom Eis freigegebenen Rohböden mit Pioniervegetation verfolgen können, spielte sich wahrscheinlich auch beim Schmelzen der eiszeitlichen Gletscher ab. Allerdings dürfen wir uns nicht ein gleichmässiges Wärmerwerden vorstellen. Perioden mit leichtem Temperaturanstieg wechselten mit solchen, in denen sich die Temperatur wieder senkte. Vereinfacht ergibt sich für die Schweiz folgendes Bild (*Hantke*, 1978): Die vor 13 000 Jahren beginnende Erwärmung liess die Gletscher im Alpenvorland abschmelzen. Ausser den vielen kleinen und grossen Weihern und Seen, den damals noch frei fliessenden Bächen und Flüssen, welche zur Zeit der Schmelze gewaltige Sand- und Schottermassen wegführten und bei Niederwasser im Herbst und Winter wieder ablagerten, waren Wacholder, Sanddorn und Zwergbirke, die im Mittelland eine tundraartige Strauchvegetation bildeten, kennzeichnend für jene Zeit. Auf der Alpensüdseite trat bereits die Lärche auf. Nach einem kurzen Klimarückschlag in der Älteren Dryaszeit vor 12 000 Jahren entwickelten sich im Alleröd-Interstadial lichte Birkenwälder und geschlossene Föhrenwälder. Südlich der Alpen zeigten sich Eiche, Hopfenbuche, Ahorn, später Linde, Ulme, Esche und Erle. In der Jüngeren Dryaszeit stiessen die Gletscher wieder vor. Die Baumvegetation wich zurück. Die erneute Erwärmung im Präboreal (ca. 8300–6800 v. Chr.) brachte wieder ein Vordringen der Laub- und Nadelhölzer. Arve und Lärche stiegen auf der Alpensüdseite bereits in die subalpine Stufe. Im Boreal (ca. 6800–5500 v. Chr.) siedelte sich auch im Jura und im Mittelland ein Laubwald mit Eichen, Ulmen und Linden an. In den Nordalpen bildete damals der Haselstrauch die Waldgrenze. Während des Älteren Atlantikums (ca. 5500– 4000 v. Chr.) erreichten die Eichenmischwälder ihre grösste Ausdehnung im Jura, Mittelland und in den Nordalpen. Im Jüngeren Atlantikum (4000–2700 v. Chr.) wanderten aus Rückzugsstandorten im Nordosten die Fichte und aus dem Südwesten die Weisstanne in unser Land und verdrängten von Osten resp. Westen her in der Nordalpenzone immer stärker die Laubbäume. Im Subboreal (ca. 2700–800 v. Chr.) entwickelten sich im Mittelland und im Jura Buchen-Weisstannenwälder. In den tieferen Lagen blieben Eichenwälder, in den Föhntälern Föhrenwälder erhalten. In der Nordalpenzone gewannen Fichten-Weisstannenwälder immer stärker an Boden. Im Älteren Subatlantikum (800 v. Chr.–1000 n. Chr.) nahm der Anteil an Fichte noch stärker zu. Auf der Alpensüdseite breiteten sich

Kastanie und Hopfenbuche aus, in den oberen Lagen die Buche. Im 13.Jahrhundert brachte eine Klimaverschlechterung ein starkes Wachsen der Gletscher, das im 16.Jahrhundert und um 1850 ein Maximum verzeichnete. Seither wichen die Gletscher wieder mehr oder weniger kontinuierlich zurück.

Bei der Wiederbesiedlung nach dem Schmelzen des Eises spielten neben der Entfernung des Gebietes, in das sich eine Art zurückgezogen hatte, auch die Ausbreitungsmöglichkeit aus dem Rückzugsgebiet eine Rolle. Ein klassisches Beispiel dafür bildet die Aaskrähe mit ihren beiden Rassen der Rabenkrähe *Corvus corone corone* und der Nebelkrähe *Corvus corone cornix*. Die Rabenkrähe besiedelt heute West- und Mitteleuropa, während die Nebelkrähe in Italien, Ost- und Nordeuropa vorkommt. Die Grenze mit einer etwa 50 km breiten Mischzone bilden Alpenbogen und Elbe. *Meise* (1928) begründet einleuchtend das Entstehen dieser, aufgrund der heutigen Grenzen schwer verständlichen Verteilung der beiden Rassen. Krähen sind zum Brüten auf Bäume angewiesen. Eis und baumlose Tundra oder Steppe haben die Krähen aus Mitteleuropa in ein westliches (West- und Südfrankreich, Spanien) und in südliche und östliche Rückzugsgebiete (Korsika, Sardinien, Süditalien, Südbalkan, Kleinasien) vertrieben. In diesen getrennten Gebieten müssen die beiden Rassen entstanden sein, und zwar im Westen die Rabenkrähen, im Süden und Südosten die Nebelkrähen. Nach der Erwärmung setzte eine Ausbreitung der beiden Rassen ein. Im Präboreal dürfte die Rabenkrähe unser Land und damit die Alpen erreicht haben. Für die Ausbreitung der Nebelkrähe nach Norden bildeten die Alpen einen Riegel. Zudem verhinderten die baumlosen Steppen in Osteuropa einen weiteren Vorstoss. Dadurch verzögerte sich die Ausbreitung der Nebelkrähe und gestattete der Rabenkrähe bis nach Norddeutschland und bis zur Elbe vorzustossen.

Für weniger bewegliche Tiere, als das die Vögel sind, spielen Entfernung und Ausbreitungsmöglichkeit aus einem Rückzugsgebiet eine noch grössere Rolle. So ist es kein Zufall, dass das sich nach Osten öffnende Engadin und das nach Westen offene Wallis bei ähnlichen klimatischen Bedingungen Unterschiede in der Insektenfauna aufweisen.

Gewisse Tierarten haben als sogenannte Glazialrelikte auf eisfreien inner- und ausseralpinen Rückzugsgebieten die letzte Eiszeit überstanden. *Hantke* (1978) zählt als Beispiele einige Spinnen, Heuschrecken und Laufkäfer auf.

Halten wir also fest: die Fauna ist nichts Festes, Endgültiges, sondern sie befindet sich in ständigem Wandel. Dabei ist ihre Zusammensetzung nicht nur Ausdruck der momentanen Umweltsbedingungen, sondern auch der Geschichte. Die für Europa in Anbetracht der kleinen Landesfläche von 41293 km² artenreiche Fauna der Schweiz hängt einmal von der zentralen Lage im Schnittpunkt von Westen, Osten, Norden und Süden zusammen. Ebenso wirken sich aber auch die mit Relief und Gesteinsunterlage wechselnden Bedingungen aus. Sie führen zu den vier Höhenstufen mit charakteristischer Vegetation und Fauna: kolline, montane, subalpine und alpine Stufe (vgl. *Landolt* 1975).

Die Landschaft im Wandel
Der eben beschriebene, natürliche Wandel der Landschaft ist eine Komponente, die andere aber, und ständig wichtiger werdende, stellt die Veränderung durch die Tätigkeit des Menschen dar.

Nach geologischen Maßstäben tritt der Mensch in der Schweiz spät auf. Das zur Zeit älteste Zeugnis ist ein Steinwerkzeug, das Archäologen 1974 in der Nähe von Pratteln BL gefunden haben. Es stammt aus der Zeit zwischen dem Mindelstadial und der ausgehenden Risseiszeit, ist also mindestens 300000 Jahre alt. Erst von der Würmeiszeit an werden menschliche Spuren zahlreicher. Die damals lebenden altsteinzeitlichen Rentierjäger hatten einen geringen Einfluss auf die Natur. Allerdings halten es Fachleute für durchaus möglich, dass die damaligen Jäger das Aussterben eiszeitlicher Großsäuger wie des Mammuts beschleunigt haben (*Garutt*, 1964). Die wenigen Menschen waren aber selbst noch ein Glied der Natur. Das änderte sich mit dem Umstellen des Nahrungserwerbes vom Jäger und Sammler zum Bauern und Viehzüchter in der Jungsteinzeit. In Mitteleuropa vollzog sich dieser Schritt vor rund 4000 Jahren. Die jungsteinzeitlichen Bauern nutzten für den primitiven Ackerbau geeignete Flächen längs der grossen Seen und Flüsse. Dort liegen gehäuft die Fundstellen (*Guyan*, 1954). Das frei weidende Vieh lichtete den Wald und erleichterte das Roden.

Zur Zeit der Kelten und des Einfalles der Römer im ersten vorchristlichen Jahrhundert dürften in der Schweiz bereits keine Urwälder mehr – also vom Menschen nicht beeinflusste Waldgebiete – bestanden haben. *Caesar* spricht von 400 Dörfern und 12 Städten im Reiche der Helvetier, die 68 v.Chr. in der westlichen Hälfte der Schweiz gelebt haben, und schreibt, der unter der Überbevölkerung leidende Stamm hätte 368 000 Köpfe gezählt. Das würde einer Bevölkerungsdichte von 13 Einwohnern pro km^2 entsprechen. Auch wenn *Caesar* mit diesen Zahlen stark übertrieben haben mag (*Bickel*, 1947), so hatte der Mensch bereits damals die ursprüngliche Fauna nachhaltig verändert. Grosstiere wie Wisent, Ur und Elch waren weitgehend verschwunden, da der Mensch in erster Linie die für diese Tiere geeigneten Lebensräume als Weid- und Ackerland genutzt hatte. Andere Tiere, wie Feldhase, Rebhuhn, Wachtel, Feldlerche haben die extensiv als Weide oder Ackerland bewirtschafteten Gebiete besiedelt.

Mit eingewanderten Menschengruppen oder weitergegebenen Kulturgütern sind für Mitteleuropa fremde Tierarten erschienen. Bekannte Beispiele sind Hausmaus, Haus- und Wanderratte: Die Hausmaus *Mus musculus domesticus* ist mit dem Einkorn *Triticum monococcum* und dem Emmer *Triticum dicoccum* aus Mesopotamien über Nordafrika und Spanien nach West- und Mitteleuropa gelangt (*Freye* et al., 1960, *Schuett*, 1972). Die Wildform *Mus musculus bactrianus*, von der unsere Hausmaus abstammt, ist von Persien, Afghanistan, Belutschistan bis zu den Westprovinzen von Indien zu finden. Vor etwa 6000 Jahren hat der Mensch im Nahen Osten aus den Wildgräsern *Triticum boeoticum* und *Triticum dicoccoides* die Nutzgetreidearten gezüchtet. Der Ackerbau ermöglichte grössere Siedlungen, und diese boten einen neuen Lebensraum für die Wildform der Hausmaus. Im Verlaufe der Zeit entstand eine neue Rasse, eben die Hausmaus, die sich ganz an das Zusammenleben mit dem Menschen anpasste. Anders ist die Entwicklung in Ost- und Nordeuropa verlaufen. Dort ist die von der Ährenmaus *Mus musculus spicilegus* abstammende *Mus musculus musculus* zum Kulturfolger geworden. Die Ährenmaus lebt heute noch als Wildform in Südrussland, Bulgarien, Rumänien und Ungarn. Das Beispiel der beiden in Europa vorkommenden «Hausmäuse» ist tiergeographisch, zoologisch und kulturhistorisch gleichermassen interessant.

Mit der Zunahme der Bevölkerung im Verlaufe der Jahrhunderte wuchs auch der Druck auf die natürliche Umwelt. Deutliche Spuren hat die menschliche Tätigkeit vor allem am Wald hinterlassen. Durch Roden verloren weite Gebiete ihr natürliches Waldkleid. Waldweide, das Gewinnen von Bau-, Brenn- und anderem Nutzholz, das Einbringen von Waldstreu, Baumfrüchten, Laub und Zweigen als Viehfutter veränderten die Struktur der Wälder, ihren Altersaufbau und ihre Baumartenzusammensetzung. *Häusler* (1967) zeigt das eindrücklich aufgrund von schriftlichen Berichten aus dem

Emmental. Während heute im urwaldähnlichen Dürsrütiwald bei Langnau einzelne über 60 m hohe Riesen von Rot- und Weisstannen mit Stammdurchmessern von über einem Meter stehen, massen 1714 die dicksten Bäume einen Berner Fuss, also rund 30 cm. 1754 wiesen die Gemeinden Trub, Trubschachen und Langnau zusammen 681 ha Wald auf, 1950 4856 ha. 1754 waren also nur noch 12% der heutigen Waldfläche vorhanden. Dass diese Übernutzung tiefgehende Auswirkungen auf die Fauna zeitigte, liegt auf der Hand. Grosstiere wie Rothirsch oder Luchs fanden in den kleinen und lichten Waldgebieten zu wenig Schutz vor Verfolgung durch den Menschen und verschwanden. Die Waldzerstörung hatte aber noch ganz andere Folgen: Erosion und Überschwemmungen der Talsohlen nach Regenfällen, Dürrekatastrophen wegen des raschen Ablaufens des Wassers bedrohten die Existenz des Menschen. Das zog im 18. und 19. Jahrhundert tief in den Naturhaushalt eingreifende Korrekturen der Flüsse und Entsumpfungen von Schwemmebenen, wie des Grossen Mooses oder der Linthebene, nach sich. Wir können diesem wachsenden Einfluss der menschlichen Tätigkeit nicht im einzelnen nachgehen. *Wildermuth* (1974) zeichnet diese Entwicklung mit ihren Auswirkungen auf Flora und Fauna für das Zürcher Oberland von der Eiszeit bis zur Gegenwart auf.

Der wirtschaftliche Aufschwung im Industriezeitalter, verbunden mit Fortschritten in Medizin und Wissenschaft liessen die Bevölkerung im 19. Jahrhundert rasch weiter ansteigen. Die Verstädterung mit neuem Lebensstil setzte ein. Neben andern Verkehrsmitteln förderte vor allem das Auto die Massenflucht der Städter übers Wochenende und in den Ferien aus den Ballungszentren. So brachte das Industriezeitalter eine zusätzliche, neue Art der Umweltbelastung durch Erholungsverkehr und Tourismus. 1977 waren in der Schweiz 1 932 824 immatrikulierte Personenautos im Betrieb (ein Auto pro drei Einwohner). Entsprechend schritt der Ausbau des Strassennetzes voran und trug mit bei zum Kulturlandverlust von 3130 ha pro Jahr im Zeitraum 1939/75 (*Haeberli* et al., 1979). 1533 Seilbahnen, davon 1064 Skilifte, mit einer Totallänge von 1794 km und einer Transportkapazität von rund einer Million Personen pro Stunde boten den schweizerischen und zusätzlich rund 10 Millionen ausländischen Gästen mühelosen Transport vom Tal in die Ski- und Wanderregionen oder auf Aussichtspunkte. Auswüchse dieser Entwicklung bereiten nicht nur den Naturschützern, sondern auch den Fremdenverkehrsfachleuten Sorge (*Krippendorf*, 1975).

Über die Belastung und Vergiftung von Boden, Wasser und Luft mit Abfällen und Schadstoffen und ihren Auswirkungen auf die Tier- und Pflanzenwelt bedarf es hier keiner weitern Worte, da jedermann genügend Beispiele kennt. Neben den Schlagzeilen machenden akuten Vergiftungen wie Fischsterben sind die tiefgreifenden Veränderungen des ländlichen Raumes unauffällig verlaufen. Bodenverbesserungen, Güterzusammenlegungen, Einsatz von Maschinen, von Kunstdünger und Bioziden, verbessertes Saatgut u.a. haben die Hektarerträge bedeutend gesteigert. Das vielfältige Mosaik verschiedenster Lebensräume mit grosser Artenvielfalt weicht immer stärker – besonders in den tiefern Lagen – grossflächigen, artenarmen und dadurch maximale Erträge versprechenden Monokulturen. *Ewald* (1978) gibt dazu eindrückliche Zahlen, indem er Landeskartenblätter mit Blättern des topographischen Atlasses vergleicht und die Veränderungen quantitativ festhält: LK 1069 Frick: Zwischen 1877 und 1955 168 ha gerodet, 130 ha wieder aufgeforstet, 6,5 km Hecken gereutet, 5 km wieder angepflanzt, 35 km Gewässer eingedolt, 12 ha Feuchtgebiete entwässert oder aufgefüllt, auf 21 ha Oberfläche verändert. Der Zeitraum zwischen 1955 und 1970 hat das Eindolen weiterer 9,5 km Gewässer sowie den Neubau oder die Korrektion von 477 km Strassen gebracht. Die Auswertung von Luftbildern aus der Zeit 1950/53 und 1976 ergibt für das Gebiet des Kartenblattes Frick (21 000 ha) einen Rückgang der naturnahen Gebiete von 576 auf 180 ha (-69%), der Hecken und Ufergehölze von 170 auf 116 km (-32%). Dagegen haben die Intensiv-Obstanlagen von 16 ha auf 198 ha ($+1138\%$) zugenommen. Eine andere Zahl für den Verlust von naturnahen Landschaftselementen: *Haeberli et al.* (1979) beziffert den Rückgang der Streuwiesen im Zeitraum von 1939 bis 1975 auf 74%, nämlich von 26 167 ha auf 6712 ha. Was die mit einigen Zahlenbeispielen belegten Veränderungen für die Tier- und Pflanzenwelt bedeuten, kann man sich vorstellen.

Typisch für die Schweiz sind die regionalen Unterschiede. Landeswerte vermitteln deshalb ein falsches Bild. So steht die Schweiz mit 153 Einwohnern pro km^2 (1978 6,3 Millionen E.) keineswegs an der Spitze innerhalb Europas. Anders wird das Bild, wenn wir die Verteilung nach Höhenstufen betrachten (Tab.1). In der kollinen Stufe leben auf 18% der Landesfläche 93% der Bevölkerung. Die Dichte beträgt 781 Einwohner pro km^2! Das ist das 2,32fache jener von Holland. In der montanen Stufe sind es dagegen nur noch 22 Einwohner pro km^2. Diese Unterschiede in der Bevölkerungsdichte wir-

Tabelle 1

Bevölkerungsverteilung auf Höhenstufen (nach *Naef et al.*, 1975, und *Statistischem Jahrbuch*)

Höhenstufe m ü. M.	Fläche in km²	in %	Einwohner 1888 Absolut	%	Einw./km²	Einwohner 1970 Absolut	%	Einw./km²
Kolline Stufe bis 800	7433	18	2 507 891	85,95	337,4	5 803 938	92,57	780,8
Montane Stufe 800–1300	17 756	43	367 276	12,60	20,7	396 979	6,33	22,4
Subalpine Stufe 1300–1800	3 303	8	40 096	1,37	12,2	59 535	0,95	18
Alpine Stufe über 1800	12 801	31	2 491	0,08	0,2	9 331	0,15	0,7
Total	41 293	100%	2 917 754	100%	70 E./km²	6 269 783	100%	152 E./km²

ken sich auf die Intensität der Nutzung aus und spiegeln sich in der Tier- und Pflanzenwelt wider. Viele Tierarten, die nur in der kollinen Stufe ihre Lebensbedingungen finden, sind aufs stärkste bedroht, während die Fauna der subalpinen und alpinen Stufe bedeutend weniger unter dem menschlichen Einfluss gelitten hat.

Naturlandschaft – Zivilisationslandschaft

Natur und Mensch haben in den vergangenen Jahrhunderten Flora und Fauna stark verändert und werden sie auch weiterhin verändern. Die Schweiz ist längst nicht mehr das ursprüngliche Waldland. Der Mensch hat die natürlichen Waldflächen von über 70% (30 000 km²) auf 27% (11 179 km²) zurückgedrängt. Für die Tier- und Pflanzenwelt bedeutet das nicht unbedingt einen Verlust. Im Gegenteil, die frühere Tätigkeit des Menschen hat viele neue Lebensräume geschaffen. Einzelne wie Trockenrasen mit ihrem Reichtum an Orchideen, Schmetterlingen und andern Kleintieren oder Streuwiesen sind heute für den Naturschutz von besonderem Interesse.

Eine Alpweide und ein Maisfeld sind beide vom Menschen beeinflusste Gebiete, also *Kulturlandschaften* im Gegensatz zur vom Menschen nicht berührten *Naturlandschaft*. Aber sie weisen wesentliche Unterschiede auf. Die Alpweide setzt sich aus einer Vielzahl von Pflanzenarten zusammen. Obwohl die Beweidung, welche Jahrhunderte zurückreichen kann, die Artenzusammensetzung beeinflusst hat, ist die Alpweide *naturnah*. Sie enthält eine Auswahl aus dem *natürlichen* Artenbestand, die erfolgreich dem Verbiss und Tritt des Weideviehs trotzt. Diese naturnahe Vegetation bildet den Lebensraum für eine ebenfalls naturnahe Tierwelt. Der Mais dagegen, eine aus Amerika stammende Nutzpflanze, stellt kein Glied der einheimischen Flora dar. Das Maisfeld bildet also eine vom Menschen geschaffene *naturferne* Kultur- oder *«Zivilisationslandschaft»*. Nur eine sehr beschränkte Zahl von Tierarten kann im Maisfeld leben, Wildpflanzen hingegen keine mehr.

Alpweide und Maisfeld sind extreme Beispiele. Sie zeigen aber, dass es heute in der Schweiz neben naturfernen «Zivilisationslandschaften» noch fast natürliche oder mindestens naturnahe Kulturlandschaften gibt. *Buchwald* (1971) und *Schroeder* (1978) stellen diese in Stufen erfolgte Beeinflussung der Natur durch den Menschen in einem Schema dar (Tabelle 2).

Beunruhigend an dieser Entwicklung ist die erst vor kurzer Zeit einsetzende, explosionsartige «Entcharakterisierung zur verwechselbaren, monokulturell genutzten Triviallandschaft» (*Ewald* 1978). Noch sind aber – vor allem von der montanen Stufe an aufwärts – verschiedene Strukturen aus der Zeit vorindustrieller Landwirtschaft erhalten und mit ihnen eine vielfältige Tier- und Pflanzenwelt. Hier mag heute noch das Schlagwort vom «Landwirt als Landschaftspfleger» gelten, in der intensiv genutzten «Zivilisationslandschaft» des Mittellandes sicher nicht. Gerade dort haben wir zum Beispiel in jüngster Vergangenheit das Verschwinden der hochstämmigen Streuobstanlagen miterlebt und damit den Verlust der die Landschaft vorher prägenden Obstbäume mit ihren typischen Bewohnern aus der Vogelwelt wie Steinkauz, Wendehals, Kleinspecht, Wiedehopf und Rotkopfwürger (*Ullrich*, 1975).

Auch die naturferne «Zivilisationslandschaft» ist nicht einfach tot und ohne Tiere. Selbst die städtischen Ballungszentren mit Parkanlagen, Gärten, Weihern, Ödlandflächen usw. können eine erstaunlich reiche Tierwelt beherbergen (*Teagle*, 1978). Typische Kulturfolger wie Haussperling, Türkentaube und Amsel sind allerdings meist wenig beliebt. Dabei waren die ersten Türkentauben, die vor 30 Jahren in unserem Land auftauchten (*Glutz*, 1962), eine Sensation. Auch die Amsel ist erst im letzten Jahrhundert in unsere Siedlungen eingezogen. *Epprecht* (1946) fasst diesen Wechsel vom scheuen Waldvogel zum Mitbewohner der Siedlungen für die Stadt Zürich zusammen. In Parkanlagen mit günstigen Lebensbedingungen hat er bis 26 Amselpaare auf 10 ha ermittelt, andere Ornithologen sogar bis 45 Paare, während in günstigen Laubwäldern bis 10,

Tabelle 2

Entwicklung von Landschaft, Gesellschaft und Umweltbeziehung (nach *Buchwald*, 1971 und *Schroeder*, 1978)

Kultureller Stand	Zustand der Landschaft	Verhältnis des Menschen zur Landschaft	Haupterwerb
Vorneolithisch	Naturlandschaft	Glied der Natur	Jäger + Sammler
Vorindustriell ab 2000 v. Chr.	Naturlandschaft, naturnahe Kulturlandschaft	± in Gleichgewicht mit vom Menschen veränderter Umwelt	Agrargesellschaft
Erste industrielle Revolution anfangs 19. Jahrhundert	naturferne Zivilisationslandschaft, neben naturnaher Kulturlandschaft	stärker umweltbelastend und zerstörend	Industriegesellschaft
Zweite industrielle Revolution ab 1950	naturferne Zivilisationslandschaft mit Resten naturnaher Kulturlandschaft im Mittelland, naturnahe Kulturlandschaft mit Ausbreitung naturferner Zivilisationslandschaft in höheren Lagen	starke Umweltbelastung Zerstörung der Agrarstrukturen. Tourismus.	Industrie- + Konsumgesellschaft

normalerweise aber nur 3 bis 5 Amselpaare pro 10 ha Waldfläche nisten.

Durch technische Eingriffe sind in Ausnahmefällen Gebiete entstanden, die für den Naturschutz von grösster Bedeutung sind. Denken wir an den Klingnauer Stausee, der zu einem der zwölf Wasservogelrast- und Überwinterungsgebiete von internationaler Bedeutung zählt (*Leuzinger*, 1976). Das kann uns aber nicht darüber hinwegtrösten, dass die landwirtschaftlich genutzte Fläche im Tiefland in den letzten dreissig Jahren im Hinblick auf die Tierwelt erschreckend verarmt ist und leider – nach aller Voraussicht – noch weiter verarmen wird, wenn wir dagegen nichts Wirksames vorkehren.

Warum Schutz der Tierwelt?

Wenn schon im Verlaufe der Erdgeschichte Hunderttausende von Tierarten ausgestorben sind, warum verlieren wir überhaupt Worte über den Verlust weiterer Tierarten, über die Verarmung unserer Tierwelt? Wer erleidet einen Verlust? Ein Strauss von Fragen, die dem engagierten Naturschützer das Blut in den Kopf treiben. Es gibt aber handgreifliche Argumente. *Wildermuth* (1980) zählt solche auf. Wir folgen seiner Darstellung:

1. *Ökologisches Argument.* Das Endstadium der Vegetationsentwicklung in einer bestimmten Landschaft nennen wir *Klimax*. Eine solche Klimax-Gesellschaft wie der Eichen-Hagenbuchenwald mit einer grossen Zahl gegenseitig abhängiger Pflanzen- und Tierarten zeichnet sich durch Stabilität aus. Die komplizierten Beziehungen im Ökosystem verhindern grosse Ausschläge in der Entwicklung der Individuenzahl einer bestimmten Art. Wir sprechen vom *biologischen Gleichgewicht*, einem etwas gefährlichen und häufig missbrauchten Wort. Die Stabilität der Klimaxformationen mit ihren komplexen Strukturen unterscheidet sich deutlich von Pionierstadien oder vom Menschen geschaffenen Lebensgemeinschaften wie einem Maisfeld oder einem naturfernen Gartenrasen, die unstabil sind. Der häufige, intensive und energieaufwendige Unterhalt eines Gartenrasens mit Düngern, Pestiziden und Mähmaschinen zeigt das deutlich. Klimaxformationen sind besser gepuffert und stärker belastbar als naturferne Biotope oder Pionierstadien. Als Gegengewicht zur naturfernen Zivilisationslandschaft braucht es ein Netz von zusammenhängenden, genügend grossen und vielfältigen Gebieten naturnaher Landschaft.

2. *Ökonomisches Argument.* Kulturpflanzen und Nutztiere bilden unsere Ernährungsgrundlage. Pflanzen und Tiere liefern Wirkstoffe für Arzneimittel. Eine Menge von Rohstoffen wie Wolle, Seide, Leder usw. stammen von Tieren, andere von Pflanzen. Grundlegende Erkenntnisse in Biologie und Medizin verdanken wir den im Labor untersuchten Organismen. Niemand kann sagen, welche Tier- oder Pflanzenarten in naher oder ferner Zukunft eine ebenso wichtige Rolle spielen werden. Deshalb drängt es sich auf, die Artenvielfalt möglichst vollständig zu erhalten.

3. *Psychohygienisches Argument.* Das hektische Leben des Städters in einer Umwelt voller künstlicher Reize, bedeutet eine Belastung des menschlichen Körpers und seiner Seele. Probleme des Einzelnen wie der Gemeinschaft, die daraus erwachsen, sind Zeichen unserer Zeit. Nach Ansicht von Psychologen, Psychiatern und Soziologen erfüllt das Naturerlebnis – dazu gehört das Beobachten von Wildtieren in ihrer natürlichen Umgebung – beim stressgeplagten Stadtbewohner eine seelische Ausgleichsfunktion.

4. *Wissenschaftliches und pädagogisches Argument.* Wohl können wir einzelne Lebensprozesse am isolierten Objekt im Labor untersuchen und dabei wertvolle Erkenntnisse sam-

meln. Für das Studium der Ökosysteme mit dem Beziehungsgefüge von Lebewesen untereinander und mit ihrem Lebensraum ist der Forscher auf natürliche oder naturnahe Lebensräume angewiesen. Naturschutz, Jagd, Schädlingsbekämpfung, um nur einige praktische Anwendungsmöglichkeiten zu nennen, brauchen dringend die im Feld gewonnenen Resultate. Ebenso ist der Anschauungsunterricht in freier Natur für Schulen aller Stufen unentbehrlich.

5. *Ethisches Argument.* Wir leben in einer Gesellschaft, in welcher Zahlen eine beherrschende Rolle spielen. Was nicht mess- und wägbar, letztlich in Geldwerten ausdrückbar ist, zählt kaum. Eine Strasse kann pro Zeiteinheit so- und soviele Verkehrsteilnehmer aufnehmen. Sie bringt einem Ort rascher und mehr Touristen. Die Verdienstmöglichkeiten steigen. Welche Geldsumme oder Zahl wird der Naturschützer ins Feld führen, der sich gegen den Bau der Strasse wehrt, weil sie den einzigen Laichplatz in der Region mit allen vier einheimischen Molcharten vernichtet?

Der Naturschutz kann und muss seine Anliegen fassbar formulieren. Aber wir müssen auch den Mut haben, voll zum ethischen Argument zu stehen. Freude, Bewunderung und Achtung gegenüber der Schöpfung sind Argumente, die schwer wiegen und gleiche Berücksichtigung verdienen wie ökonomische Werte!

Welche Tiere sollen wir schützen?

Die Zeit liegt nicht weit zurück, in der der Gesetzgeber die «nützlichen» Tierarten schützte, die «schädlichen» bekämpfte und ihre Vernichtung förderte. Selbst Vogelschützer schrieben um die Jahrhundertwende den Abschuss des Sperbers als Massnahme zur Förderung der Singvögel auf ihre Fahnen. Dass gewisse Tiere an Kulturen und andern menschlichen Gütern grossen Schaden anrichten oder den Menschen durch Übertragen von Krankheiten bedrohen, ist unbestritten. Auch wenn in vielen Fällen das Tier durch monokulturellen Anbau seiner Nährpflanze oder durch andere Veränderungen des Lebensraumes zum Schädling geworden ist, ändert das an der Schadsituation nichts. Es sollte aber Anstoss zum Suchen von besseren, die Fauna schonenderen Anbau- und Abwehrmassnahmen geben. Mit der naturfernen «Zivilisationslandschaft» bleibt neben dem Rückgang und Verschwinden einer Vielzahl von Arten die übermässige Zunahme weniger Tierarten und damit das Schadproblem beunruhigend verbunden.

Grundsätzlich sind alle Tiere schützenswert. Auch wenn wir mit dem Mass und den Methoden der Schädlingsbekämpfung nicht einverstanden sind, müssen wir doch den Schutzgrundsatz in der naturfernen Kulturlandschaft abschwächen und den Gegebenheiten anpassen.

Aberglaube und Vorurteile wie die «böse» Schlange, die «hässliche» Spinne hingegen dürfen kein Freipass zum Vernichten von Tieren sein. Vorurteile bestehen vor allem auch den Raubtieren gegenüber. Der Tierfreund nimmt es dem Raubtier übel, dass es andere Tiere tötet. Der Jäger oder Fischer fürchtet um seine potentielle Beute. Er erwartet einerseits ein übermässiges Zunehmen des Raubtieres, andererseits einen Rückgang bis zum Verschwinden des Beutetieres. Auch wenn das Zusammenspiel Räuber-Beute keineswegs in allen Details geklärt ist – vor allem müssen wir diese Beziehung als eine von vielen im Ökosystem sehen – so führen die in den letzten Jahren gewonnenen Erkenntnisse zu einem andern Bild. Als Beispiel wähle ich den Luchs, der ins Schussfeld der Jäger zu kommen droht.

Eine Gruppe von kanadischen Wildbiologen hat von 1964 bis 1975 die Luchspopulation und ihre Beutetiere in einem 130 km^2 grossen Gebiet untersucht (*Nellis et al.* 1968, *Nellis et al.* 1972, *Brand et al.* 1976). Luchse sind Opportunisten. Als Hauptnahrung wählen sie das häufigste, im Gebiet vorkommende mittelgrosse Säugetier. Im Untersuchungsgebiet waren es die Schneeschuhhasen. Eine kleine Rolle spielten Kragenhuhn, Hörnchen, Mäuse und Fallwild (Weisswedelhirsch). Die Hasendichte schwankte in Zehnjahreszyklen. Sie lag zwischen 34 und 499 Schneeschuhhasen pro 100 km^2. Analog schwankte der Luchsbestand zwischen 3 bis 10 Tieren pro 100 km^2. Auch der Anteil der Hasen an der Winternahrung, welche die Forscher besonders gründlich untersuchten, war entsprechenden Schwankungen unterworfen. Er lag zwischen 43 und 100%. Vom Hasenbestand schöpften die Luchse 2 bis 6% ab. Ein Luchsindividuum – im Falle des Weibchens eingeschlossen die Jungtiere – wohnte in einem 11 bis 50 km^2 grossen Raum, den andere Luchse mieden. Jedes Weibchen setzte im Frühsommer durchschnittlich vier Junge, welche den nächsten Winter nur bei einer Dichte von mindestens 150 Hasen pro km^2 überlebten. Im Gebiet war das in zwei Wintern der Fall. Bei 499 Hasen pro 100 km^2 führten zwei Weibchen Junge, und zwar eines drei, das andere vier. Bei 200 Hasen pro 100 km^2 waren es drei führende Weibchen mit einmal zwei und zweimal einem Jungen. Die Dichte der Hauptbeutetierart wirkte sich auch auf den Eintritt in die Geschlechtsreife aus. Bei hoher Hasendichte warfen bereits gegen 80% der jungen Luchsweibchen, bei geringer Dichte 50% oder weniger.

In Mitteleuropa spielt das Reh die Rolle der Hauptluchsbeute. *Hell* (1978), *Jonsson* (1978) und *Eisfeld* (1978) bestätigen die in Kanada gewonnenen Erfahrungen. Der Luchs vermag den Rehbestand nicht auszurotten. Das Beutetier hängt also nicht vom Räuber, sondern der Räuber vom Beutetier ab. Zu gleichen Schlüssen kommt auch *Schneider* (1978) über die Bedeutung der Raubtiere für den Feldhasen. In der heutigen Sicht verdienen Raubtiere deshalb den gleichen Schutz wie die übrigen Glieder der natürlichen Lebensgemeinschaft. Bereits haben wir eine ganze Reihe von Arten wie Bär, Nerz, Wolf, Bartgeier, Fischadler in unserem Land ausgerottet, andere wie Fischotter und Wanderfalke sind stark gefährdet. Als Spitzentiere in einer Nahrungspyramide sind Räuber an sich weniger zahlreich als ihre Beutetiere. Mit rund 120 Brutpaaren hat der Steinadler im Alpenraum eine natürliche Sättigung erreicht. Streng genommen ist er also nicht selten. Ein zahlenmässig so geringer Bestand bleibt aber latent ständig gefährdet.

Gefährdung und Seltenheit stellen wichtige Kriterien für die Schutzwürdigkeit dar. Aber es sind nicht die einzigen. Auch die Frage, ob sich eine Tierart in unserem Lande fortpflanzt oder nicht, darf keinen Ausschlag für die Schutzwürdigkeit geben. Gerade bei Vögeln spielen Raststätten auf dem Zug oder Winterquartiere zum Überleben eine wichtige Rolle. Rund 260 000 Entenvögel haben den Winter 1976/77 in unserem Lande verbracht (*Schifferli L*, 1978). Vier Fünftel davon stammen aus Brutgebieten, die nördlich und nordöstlich der Schweiz liegen. Der Schweiz kommt für diese Vogelmassen offensichtlich eine grosse Bedeutung zu. Im Sinne internationaler Solidarität drängen sich gleiche Schutzmaßstäbe auf, wie sie unsere einheimischen Brutvögel geniessen.

Wie Tiere schützen?

Wir wollen im folgenden keine Anleitung zum Schutze der Tiere geben. Wer das sucht, greift zum Buch von *Wildermuth* (1980). Wir beschränken uns auf einige *grundsätzliche Überlegungen.* Wollen wir gezielte Massnahmen zum Schutze der Tierwelt ergreifen, müssen wir den Bestand der zu schützenden Art, ihre Lebensansprüche und Lebensweise, aber auch die Gefahren kennen, die es abzuweisen gilt. Erst dann wird es möglich, ein Schutzprogramm aufzustellen. Die Kontrolle wird zeigen, ob die getroffenen Massnahmen richtig waren. Dieses Vorgehen scheint selbstverständlich. Wenn es selten angewendet wird, liegt ein Hauptgrund beim Fehlen der nötigen Unterlagen. Denken wir an den Stand der entomologischen Forschung unseres Landes: Fast die Hälfte der zu erwartenden Arten ist noch nachzuweisen. Für Schutzmassnahmen braucht es aber fassbare Daten. Das etwas abgebrauchte Wort vom Wissensnotstand drängt sich auf. Wenn wir über gewisse Tiergruppen trotzdem relativ gut Bescheid wissen, hängt das mit der Unterstützung durch eine Vielzahl von Liebhabern zusammen. Ich kann diese Tatsache nicht genug unterstreichen. Trotz Spezialisierung der Wissenschaft, die in vielen Sparten langjährige Studien und beruflichen Einsatz erfordert, bleiben auch heute wichtige Bereiche auf die Unterstützung eines möglichst grossen Netzes von zuverlässigen Freizeitmitarbeitern angewiesen! Ihnen verdankt die Ornithologie ihre führende Rolle innerhalb verschiedener Bereiche der Zoologie.

In erster Linie sind es Angaben über Verbreitung und Bestand, die unentbehrliche Informationen liefern. Das Inventar der Schweizer Wasservogelgebiete von internationaler und nationaler Bedeutung (*Leuzinger*, 1976), die Rasterkartierung der Umgebung von Thun (*Märki*, 1977), das Ornithologische Inventar des Kantons Zürich (*Müller et al.*, 1977) bieten derartige Grundlagen. Über weitere Inventare, die als Grundlage zum Ausscheiden von Schutzgebieten dienen, berichtet *Kessler* (1976). Häufig sind derartige Angaben in *Roten Listen* zusammengefasst. Führend im Erarbeiten derartiger, für den Artenschutz unentbehrlicher Grundlagen ist Deutschland (*Blab et al.*, 1977). *Broggi* (1977) gibt eine Übersicht über die in Mitteleuropa vorliegenden «Roten Listen». Für die Schweiz sind es vorläufig zwei, nämlich die «Rote Liste der gefährdeten und seltenen Vogelarten der Schweiz» (*Bruderer et al.*, 1977) sowie die «Rote Liste der gefährdeten und seltenen Amphibien und Reptilien der Schweiz» (*Broggi et al.*, im Druck, Tabelle 3).

Seit einigen Jahren gibt auch der Europarat Rote Listen heraus. Es liegen zur Zeit vor: die Rote Liste der gefährdeten Säugetiere (*Smit et al.*, 1976), der Vögel (*Parslow*, 1974) sowie jene der Lurche und Kriechtiere (*Honegger*, 1977).

Im Hinblick auf den geringen Wissensstand sind für eine ganze Reihe von Tiergruppen in absehbarer Zeit in der Schweiz keine Roten Listen zu erwarten. Ein Ausweg kann über Arten gewonnen werden, die als Endglieder von Nah-

Tabelle 3

Übersicht über die gefährdeten Brutvögel, Kriechtiere und Lurche der Schweiz (nach *Bruderer et al.*, 1977 und *Broggi et al.* im Druck)

	Brutvögel (Arten)	Kriechtiere (Rassen)	Lurche (Rassen)
Total vorkommend	mind. 190	20	25
Ausgestorben	9	1	4
Unmittelbar bedroht	23	2	3
Gefährdet	51	11	8

rungsketten oder als Spezialisten nur in einem bestimmten Lebensraum vorkommen und deshalb besonders stark auf Änderung ihres Biotopes ansprechen. Die Bestandesentwicklung dieser *Bioindikatoren* (*Bezzel* 1975) spiegelt die Umweltsituation wider und gibt Hinweise auf andere Glieder der gleichen Lebensgemeinschaft. Derartige Bioindikatoren sind z. B. der Fischotter (*Müller et al.*, im Druck) oder der Brachvogel (*Schiess*, 1979).

Solche Datensammlungen veralten sehr rasch. Wenn sie nicht nur als Grundlage für einen Nachruf dienen sollen, müssen sie periodisch nachgeführt werden. Das bringt zwei Probleme. Es muss eine Stelle bestehen, welche dieses Nachführen an die Hand nimmt. Bei den Vögeln ist es die Schweizerische Vogelwarte in Sempach, für andere Tiergruppen fehlt diese unerlässliche Stelle noch. Je mehr Inventare und Daten, desto schwieriger wird es für die Praktiker, z. B. Planer, Kulturingenieure, Bauingenieure, Naturschutzbeamte, im rechten Moment die gewünschten Daten zu besitzen. Eine Datenbank nach englischem Vorbild (*Heath et al.* 1976) drängt sich auf.

Wie wichtig genaue Unterlagen über Lebensweise, Vermehrungsrate, Sterblichkeit usw. sind, haben wir am Beispiel des Luchses angedeutet. Daneben kommen Raumbedarf und Raumqualität grosse Bedeutung zu. *Müller et al.* (im Druck) zeigen eindrücklich, welche grosse Flächen von naturnaher Landschaft ein Fischotter zum Leben braucht. In der Schweiz sind diese Gebiete nur noch an ganz wenigen Orten erhalten. Aber auch kleine Tiere wie die Feldgrille benötigen erstaunlich grosse Flächen. *Remmert* (1979) hat während einiger Jahre einen Grillenbestand in einem Trockenrasen Süddeutschlands untersucht. Er weist nach, dass die Feldgrille im süddeutschen Raum eine Mindestfläche von 3 ha Trockenrasen zum Überleben benötigt, da sonst der Bestand nach einer Reihe von

Jahren mit für die Vermehrung ungünstigen Klimaeinflüssen zu klein wird, um sich wieder erholen zu können.

Damit taucht ein neuer Problemkreis auf. In der naturfernen «Zivilisationslandschaft» finden viele Tierarten nur noch kleine Stückchen des für sie geeigneten Biotopes. Diese naturnahen Flecken können aber zu klein sein, um das Erhalten einer lebensfähigen Population zu garantieren. Eine Wiederbesiedlung ist indessen nur möglich, wenn der nächste geeignete Biotop, in dem die Art noch vorkommt, nicht zu weit wegliegt. Der Vergleich mit einer Insel drängt sich auf. *MacArthur et al.* (1967) hat denn auch eine *Inseltheorie* aufgestellt und aufgrund der auf Inseln gewonnenen Erfahrungen gezeigt, welche Bedingungen für Besiedlung und Ausbreitung im Hinblick auf Inselentfernung und Inselgrössen gelten.

Wenn wir von den Grundlagen zu den Massnahmen übergehen, so stellt sich die Frage nach dem Wert des *Artenschutzes*. *Broggi* (1977) und *Erz* (1970) legen überzeugend dar, wie wichtig auch heute noch der Artenschutz als Ergänzung des Biotopschutzes ist. Wohl die wichtigste Aufgabe des gesetzlichen Artenschutzes ist Verbot oder Regelung direkter Einwirkung des Menschen auf das Tier. Jagd kann eine Tierart ausrotten. *Bächler* (1919) zeigt das für den Steinbock, *Eiberle* (1972) für den Luchs. Bereits 1875 ist denn auch das erste Eidgenössische Jagdgesetz in Kraft getreten.

Deutliche Erfolge dieses Gesetzes zeichnen sich für einzelne Arten ab. Ein eindrückliches Beispiel dafür liefern die Bestandesentwicklung und die Abschusszahlen der Schalenwildarten (Tabelle 4). Die Angaben stammen aus *Göldi* (1914) und der vom *Bundesamt für Forstwesen* veröffentlichten Statistik. Man mag über die wirkliche Höhe des Bestandes dieser Arten streiten, sicher haben sie zugenommen. In einzelnen Gebieten führt diese Zunahme sogar zu einem Ungleichgewicht zwischen Wildbestand und Nahrungsbasis. Gebietsweise kommt im Wald Jungwuchs von einzelnen Baumarten nicht mehr auf. Ein naturnaher Waldbau wird dadurch weitgehend unmöglich. Der Naturfreund darf diesem «Schalenwildproblem» nicht gleichgültig gegenüber stehen. Es bringt nicht nur wirtschaftlichen Schaden, sondern eine Veränderung der natürlichen Waldzusammensetzung. Früher oder später stellen sich Hungersterben ein. Bekannt ist bei uns vor allem das Hirschproblem in der Umgebung des Nationalparkes (*Blankenhorn et al.*, 1979, *Burckhardt*, 1957).

Diese Zunahme gewisser Schalenwildarten scheint im Widerspruch zum allgemeinen Rückgang vieler Tiere zu ste-

Tabelle 4

Bestandes-Entwicklung und Abschusszahlen des Schalenwildes (nach *Göldi*, 1914, *Bundesamt für Forstwesen*)

Art	um 1910 Abschusszahl	Bestand	1978 Abschusszahl	Bestand
Reh	2250	20 000	43 401	106 000
Rothirsch	20	450	4279	20 000
Gemse	2200	15 000	15 603	66 000
Steinbock	–	1. Aussetzung 1911	350 (Hegeabschuss)	8800
Wildschwein	3	Nicht Standwild	846	wieder Standwild

hen. Die Zahlen zeigen aber nur, dass gesetzlicher Artenschutz vor allem dann wirksam wird, wenn die betreffenden Tierarten nicht auch noch durch andere Gefahren bedrängt werden. Nehmen wir den Feldhasen, so sehen die Zahlen anders aus: Abschuss um 1910 33 000, 1978 14 342. Gerade der Feldhase leidet unter der drastischen Veränderung seines Lebensraumes. Heute stellt also die Jagd nicht *die* Gefahr für die Tierwelt dar, wie das früher der Fall war.

Auch das Fangen und das Sammeln von Tieren wie z. B. von Schmetterlingen spielt für die Erhaltung der Arten eine geringe Rolle (*Ant*, 1971). Das soll keinen Freipass zu verantwortungslosem Fangen geben. Das Sammeln darf nicht zum Selbstzweck werden, sondern muss Mittel zum Lösen offener Fragen sein. Kritisch wird es, wenn das Sammeln nicht aus wissenschaftlichen Gründen, sondern zu Erwerbszwecken erfolgt. Deshalb unterstellt das Bundesgesetz über den Natur- und Heimatschutz das Sammeln zu Erwerbszwecken einer kantonalen Bewilligung.

Der moderne Verkehr bringt beträchtliche Verluste für die Tierwelt. Das *Bundesamt für Forstwesen* meldet für 1978 231 an Verkehrsunfällen verunglückte Hirsche, 8222 Rehe und 1885 Hasen. Je kleiner die Tierart desto grösser wird die nicht erfasste Dunkelziffer. *Haller* (1978) hat bei der von ihm untersuchten Uhupopulation 13 Uhus gefunden, die Verkehrsunfällen zum Opfer gefallen sind (37% aller bekannten Verluste). Dazu kommen noch 16 tödliche Anflüge an Leitungen (45%). Der Uhunachwuchs des Gebietes vermag diese durch Unfälle eingetretenen Verluste nicht mehr zu ersetzen. Neben dem Töten von Tieren durch Fahrzeuge können Strassen eine verhängnisvolle Rolle durch das Zerschneiden von Lebensräumen spielen. Wie *Mader* (1979) zeigt, bedeuten Strassen mit

Hartbelag für Laufkäfer und Kleinsäuger ein Hindernis, das in seiner trennenden Wirkung einem Gewässer entspricht.

Verkehrsmittel bringen Leute von einem Gebiet in ein anderes. Eine Strasse oder Seilbahn kann plötzlich grosse Menschenmassen in ein ehemals ruhiges Gebiet mit entsprechenden Folgen für die Tierwelt führen. Nach dem Bau eines Skiliftes ist die Zahl der balzenden Birkhähne auf Riederfurka VS von 30-40 auf einen zurückgegangen (*Pauli*, 1974). Für viele Tiere bedeutet der Winter eine kritische Zeit. Das gilt auch für das Birkwild im Hinblick auf die Qualität der Winternahrung (*Pauli*, 1974, *Pauli*, 1978, *Zettel*, 1974). Durch Ruhen in Schneehöhlen und drastisches Herabsetzen der Aktivität versucht das Birkwild Energie einzusparen. Störungen durch Skiläufer können deshalb diese Rauhfusshühner ernsthaft gefährden. Der Störungsfaktor ist sehr ernst zu nehmen. Regelmässige Störungen durch Fischer vertreiben die empfindlicheren Wasservogelarten, so dass nur noch Höckerschwan und Blässhuhn übrigbleiben (*Erlinger et al.*, 1974). Die Störung durch die Jagd ist offensichtlich für Wasservögel schlimmer als der direkte Einfluss durch Abschuss (*Schifferli L.*, 1978).

Viele Tiere erleiden Schaden durch die Anwendung von Pestiziden und andere Schadstoffe wie Schwermetalle, welche in die Umwelt gelangen. Wir verfügen aber aus der Schweiz über wenig beweiskräftige Daten (*Juillard et al.*, 1978, *Schifferli A.*, 1978, *Veluz et al.*, 1976). Wie wichtig die Verhältnisse auf dem Zug oder im Winterquartier sein können, zeigt *Berthold* (1973) am Beispiel der Dorngrasmücke und des Gartenrotschwanzes. Von 1969 bis 1972 ging die Zahl der in der Schweiz als Nestlinge beringten Dorngrasmücken und Gartenrotschwänzchen um 72% zurück. *Berthold* führt den katastrophalen Rückgang dieser Arten in Westeuropa auf intensive Pestizidanwendung in den afrikanischen Überwinterungsgebieten zurück. Das Beispiel unterstreicht die Wichtigkeit internationaler Abkommen für erfolgreichen Schutz wandernder Arten.

Vorrangige Bedeutung für die Erhaltung der Fauna kommt dem Schutz naturnaher Lebensräume zu. Dabei gilt es, die meist durch frühere extensive Nutzung vorhandene Vielfalt zu bewahren. Ein klares Schutzziel legt auch die nötigen Pflegemassnahmen fest. An einem naturnahen Damm hielten sich 20mal soviele Schmetterlingsarten und Individuen auf als in einer Kunstwiese (*Reichholf*, 1973). Ohne entsprechende Pflege verschwindet aber die Mannigfaltigkeit auch aus einem Schutzgebiet (*Ant*, 1971).

Neben dem Erhalten günstiger Biotope bildet das Neuschaffen eine weitere wichtige Hilfe. Technische Eingriffe in die Natur können ohne oder mit Rücksicht auf die Tier- und Pflanzenwelt geplant und durchgeführt werden. Noch ist die Partnerschaft zwischen Techniker und Naturschützer nicht selbstverständlich. Der Aufruf zum Gestalten neuer Weiher oder anderer Feuchtgebiete (*Imboden*, 1976), zum Pflanzen von Hecken (*Kissling*, 1979) oder zur Pflege von Kiesgruben im Sinne des Naturschutzes, statt sie aufzufüllen (*Krebs et al.*, 1976), findet ein breites Echo. Das Verständnis für das Erhalten und Neuschaffen naturnaher Landschaft wächst.

Die Wiedereinbürgerung einer ausgestorbenen Art hat im Falle des Steinwildes (*Desax*, 1978) und des Bibers (*Blanchet*, 1977) einen entscheidenden Beitrag zur Erhaltung zweier Arten gebracht. Eine Wiedereinbürgerung kann nur erfolgreich sein, wenn die Lebensbedingungen für die betreffende Art noch vorhanden sind und wenn der Fang der auszusetzenden Tiere die Art nicht in ihrem Ursprungsland gefährdet. Gründliche Planung und sorgfältige Überwachung von jedem Versuch ist im Interesse der Tiere unerlässlich. Gerade bei seltenen Arten muss das Unternehmen im Rahmen internationaler Absprachen erfolgen. Wiedereinbürgerungen sind also kein Allerweltsmittel gegen das Aussterben. Ganz problematische Massnahmen und deshalb abzulehnen sind sogenannte «Blutauffrischungen» und das Aussetzen von Arten, die vorher nicht vorgekommen sind, auch wenn normalerweise ein derartiger Versuch fehlschlägt (*Niethammer*, 1963). Unser Ziel muss im Erhalten und Fördern der Vielfalt und Stabilität liegen und nicht in Massnahmen, welche die weltweite «Einheitstierwelt» fördern.

Das Zeitalter der Naturschutzpioniere ist vorbei. Damals haben Einzelne Vorbilder gesetzt. Heute können wir unsere Anliegen nur verwirklichen und damit langfristig nicht nur der Natur, sondern auch dem Menschen einen entscheidenden Dienst erweisen, wenn wir gemeinsam aufgrund klarer Schutzprogramme handeln. Nicht zuletzt auf dem Boden der Gemeinde gilt es, unsere Anliegen in die Planungskonzepte einfliessen zu lassen (*Thielcke*, 1978, *Helliwell*, 1973). Sehr vieles bleibt auf dem Gebiete der Erhaltung unserer Tierwelt zu tun. Wenn eine Mehrheit sich mit Überzeugung für eine lebensfreundliche Umwelt einsetzt, muss es zu einer Umkehr in der heutigen Entwicklung kommen.

Erläuterungen zu den Abbildungen

Die Wiedergabe aller geschützten Tiere ist schon wegen des Umfanges nicht in Frage gekommen. Nur bei den Kriechtieren und Lurchen sind alle in der Schweiz vorkommenden Arten abgebildet. Bei den übrigen Tiergruppen will die getroffene Auswahl auf den Formenreichtum und die Schönheit der Tiere hinweisen. Entsprechend den gesetzlichen Grundlagen überwiegen zahlenmässig die Säugetiere und Vögel.

Die Bildlegenden geben in Kurztext knappe Information über das Leben der betreffenden Art, über Verbreitung und Häufigkeit sowie über den Schutzstand in der Schweiz. Die Artenschutztabelle auf Seite 204–215 fasst den Schutzstatus zusammen.

Neben dem deutschen Namen steht der wissenschaftliche, dessen erster grossgeschriebener Ausdruck die Gattung (z. B. *Erinaceus*) bezeichnet, der zweite kleingeschriebene die Art (z. B. *europaeus*). Hinter dem wissenschaftlichen Namen folgt der Name des Autors, der als erster die Art beschrieben hat (z. B. L = *Linné*). Steht der Autornamen in Klammern, so hat der betreffende Wissenschaftler in seiner Erstbeschreibung die Art in eine andere Gattung gestellt.

Bei einigen Insektenbildern konnte die Art nicht bestimmt werden. Statt des wissenschaftlichen Artnamens steht der Name der Familie (z. B. *Chrysididae*) oder der Ordnung (z. B. *Ephemeroptera*).

Abkürzungen

♂	Männchen	*Gr*	Geschlechtsreife	*S*	Schutz
♀	Weibchen			*SH*	Schulterhöhe
A	Anfang	*K*	Kennzeichen	*Ss*	Systematische Stellung
AG	Aargau usw. wie auf Autonummer	*Kl*	Klasse		
		KR	Kopf-Rumpf-Länge	*St*	Stamm
				Sw	Schwanz
B	Bestand	*L*	Lebensraum	*Sz*	Setzzeit
Bd	Brutdauer	*Lw*	Lebensweise	*T*	Tag
CH	Schweiz	*Lz*	Laichzeit	*Tz*	Tragzeit
E	Ende	*M*	Mitte	*U*	Unter
ER	Europarat	*Mo*	Monat	*Ue*	Ueber
F	Fortpflanzung	*N*	Nahrung	*V*	Verbreitung
Fa	Familie	*Nd*	Nestlingszeit	*Wo*	Woche
Fz	Fortpflanzungszeit	*O*	Ordnung		
		Pz	Paarungszeit		
		RL	Rote Liste		

Igel *Erinaceus europaeus* L.

K: *KR* 22-29 cm, *Sw* 2-4,5 cm, 0,5-1,2 kg; Oberseite mit ca. 16 000 Stacheln besetzt.
V: Europa ohne N-Skandinavien; weite Teile Asiens. *CH:* Bis 2000 m ü. M., S der Alpen kleinere, hellere Unterart.
L: Waldränder, Hecken- und Parklandschaften, Gärten.
N: Langsame Kleintiere wie Gliederfüsser, Schnecken, Würmer, kleine Wirbeltiere, Früchte.
Lw: Dämmerungs- und nachtaktiv; Winterschlaf von Ende Oktober bis März.
F: *Pz* März-Juli, *Tz* 33-42 *T*, 1-2 Würfe mit 7 (2-10) blinden, nackten Jungen, die bereits weisse, weiche Stacheln tragen; Nesthokker; *Gr* 9-11 *Mo.*
B: Rückläufig.
S: *CH.*

Alpenspitzmaus *Sorex alpinus* Schinz

K: KR 6,2–7,6 cm, *Sw* 6–7,5 cm, 6–15 g; Oberseite schwarz, Unterseite schwarz bis schiefergrau; *Sw* fast so lang wie Körper, zweifarbig; Zahnspitzen rot.
V: Gebirge Mittel- und E-Europas. *CH:* Jura und Alpen von 600–2500 (3000) m ü. M.
L: Feuchte Gebiete, schattiger Wald, humusreiche Felsspalten.
N: Gliederfüsser, Schnecken, Würmer.
Lw: Tag- und nachtaktiv: läuft schnell, ruckartig, schwimmt und klettert gut; Höchstalter 1½ Jahre; kein Winterschlaf; Einzelgänger.
F: Pz April–August, *Tz* 21–23 T, *Sz* Mai–August, mehrere Würfe mit 6–8 blinden, nackten Jungen; Nesthocker; *Gr* nach 3–4 *Mo.*
B: Unbekannt.
S: BL, GE, SH, TG, VD.

Hausspitzmaus *Crocidura russula* (Herrmann)

K: KR 6–8,5 cm, Sw 3–4,6 cm, 6–13 g; Oberseite braungrau, geht ohne scharfe Grenze in hellgraue Unterseite über; Zahnspitzen weiss.
V: S- und Mitteleuropa; Asien, N-Afrika. CH: Bis ca. 1600 m ü. M.
L: Felder, Wiesen, Waldränder, Hecken, Gärten, Siedlungen.
N: Würmer, Schnecken, Gliederfüsser; frisst im Tag Futtermenge, die fast eigenem Körpergewicht entspricht; kann nur kurze Zeit hungern wie alle Spitzmäuse.
Lw: Tag- und nachtaktiv; ♀ und Junge bilden Karawanen, indem sich Tiere gegenseitig an Sw-Wurzel festhalten; Höchstalter 1½ Jahre; Einzelgänger.
F: Pz April–September, Tz 31–33 T, 2–4 Würfe mit 6 (3–10) blinden, nackten Jungen; Nesthocker; Gr mit 1 Jahr.
B: Unbekannt.
S: BL, GE, SH, TG, VD.

Grosshufeisennase *Rhinolophus ferrum-equinum* (Schreber)

K: *KR* 5–7 cm, *Sw* 3–4 cm, 16–28 g; Spannweite bis 40 cm; häutiger Nasenaufsatz; Ohr ohne Deckel.
V: Europa ohne N-Europa; N-Afrika, Asien. *CH:* Ganze *CH* bis 2000 m ü. M.
L: Wald, Parklandschaft; Sommerquartier in Gebäuden; Winterquartier in Kellern, Grotten, Höhlen.
N: Insekten; Echolot-Orientierung; Ultraton durch Nase ausgestossen.
Lw: Nachtaktiv; fliegt in Buschhöhe; Flughäute in Schlafstellung um Körper; Wochenstuben mit mehreren ♀♀, ♂ einzeln; Winterschlaf; Höchstalter bis 18 Jahre.
F: Pz September–Oktober, *Tz* 75 *T*, *Sz* Juli, 1–2 Junge.
B: In *CH* starker Rückgang, kurz vor Aussterben; *RL ER.*
S: CH.

Braunes Langohr *Plecotus auritus* (L.)

K: KR 4–5 cm, *Sw* 4,2–5 cm, 5–10 g; Flügelspannweite bis 26 cm; Ohren sehr gross, mit Deckel.
V: Europa; N-Afrika, Asien. *CH:* Bis 2000 m ü. M.
L: Siedlungen, Obstgärten, Parklandschaft; Sommerquartier in Baumhöhlen, Mauerritzen, Dachstühlen; Winterquartier in Kellern, Höhlen, Stollen.
N: Insekten; Echolot-Orientierung; Ultraton aus geöffnetem Maul.
Lw: Nachtaktiv; jagt in Baumkronenhöhe; Ohren beim Schlafen unter Flügel geschlagen; Wochenstuben mit mehreren ♀♀; Winterschlaf; Höchstalter 12 Jahre.
F: Pz Herbst und Frühling, *Tz* 50–60 *T*, 1 Junges; *Gr* mit 1 Jahr.
B: Unbekannt.
S: CH.

Abendsegler — *Nyctalus noctula* (Schreber)

K: *KR* 6–8 cm, *Sw* 5–5,4 cm, 15–40 g; Spannweite bis 38 cm; Ohren kurz, rund, Ohrdeckel kurz, oben breiter.
V: Europa ohne N-Europa; bis Mittel-Afrika, Asien. *CH:* Bis 1200 m ü. M.
L: Wälder, Gehölze, Parklandschaften; Sommerquartier in Baumhöhlen, Spechthöhlen, Nistkästen; Winterquartier in Baumhöhlen, Dachstühlen.
N: Insekten; Echolot-Orientierung; Ultraton aus geöffnetem Maul.
Lw: Dämmerungs- und nachtaktiv, fliegt auch am Tag; Flug hoch und schnell; gesellig (bis 1200 Tiere zusammen); Winterschlaf.
F: Pz Herbst und Frühling, *Tz* 84–87 *T*, 2 Junge, mit 45 *T* flugfähig.
B: Unbekannt.
S: CH.

Wildkaninchen *Oryctolagus cuniculus* (L.)

K: *KR* 35–50 cm, *Sw* 4,7–7,3 cm, 1,4–3 kg; Ohren relativ kurz, ohne schwarze Spitze; *Sw* weiss.
V: Ursprünglich Iberische Halbinsel; eingeführt in weiten Teilen Europas und übriger Welt. *CH:* Bei Basel, am Bielersee, bei Genf, im Unter-*VS* und Süd-*TI*.
L: Trockener sandiger oder leicht lehmiger Boden, Waldrand, Dämme, Parkanlagen.
N: Gräser, Kräuter, Wurzeln, Rinden.
Lw: Dämmerungsaktiv; gesellig in Kolonien mit mehreren Familiengruppen; gräbt weitverzweigte Erdbaue.
F: Pz Februar–September, *Tz* 28–31 *T*, 3–6 Würfe mit 3–10 blinden, nackten Jungen; Nesthocker; *Gr* nach 3–4 *Mo*.
B: Nur lokale Kolonien.
S: Jagdbar ausser *BE*, *FR*, *GE*, *VD*.

Schneehase *Lepus timidus* L.

K: *KR* 50–68 cm, *Sw* 5,3–6,5 cm, 2–4 kg; im Sommer Oberseite graubraun, Bauch weissgrau, im Winter ganz weiss ausser schwarzen Ohrspitzen; Schwanz weiss (Feldhase *Sw*-Oberseite schwarz).
V: Alpen, Irland, Schottland, N-Europa; N-Asien, N-Amerika.
CH: Alpen zwischen 1300–3400 m ü. M.
L: Wälder, Bergwiesen, Alpweiden, Schutthänge.
N: Gras, Kräuter, im Winter Nadeln und Zweige von Nadelbäumen.
Lw: Nachtaktiv; lebt einzeln in Revieren.
F: *Pz* Februar–Juli, *Tz* 42–51 *T*, bis 3 Würfe mit 1–6 behaarten, sehenden Jungen; Nestflüchter; *Gr* mit 9–11 *Mo*.
B: Unbekannt.
S: Jagdbar ausser *AI, BS, GE, JU, NE, SG, SH, TG, ZG, ZH*.

Alpenmurmeltier — *Marmota marmota* (L.)

K: KR 53–73 cm, *Sw* 13–16 cm, 5–7 kg.
V: Alpen, Karpaten. *CH:* Alpen 1300–3000 m ü. M., Jura ausgesetzt.
L: Bergmatten, Geröllfelder.
N: Gräser, Kräuter, Wurzeln.
Lw: Tagaktiv; lebt in Kolonien, die aus mehreren Familien bestehen; gräbt Sommer- und Winterbaue; trägt im Frühling und Herbst dürres Gras ein; Winterschlaf gesellig von Oktober bis April.
F: Pz April–Mai, *Tz* 33–34 *T*, *Sz* Mai–Juni, 1 Wurf mit 2–7 blinden, nackten Jungen; Nesthocker; Verlassen des Baus mit 40 *T; Gr* im 2. oder 3. Jahr.
B: Unbekannt.
S: Jagdbar (Jungtiere geschützt) ausser *AR, BS, BE, GE, JU, LU, NE, NW, SH, TG, VD, ZG, ZH.*

Biber *Castor fiber* L.

K: KR 80–100 cm, *Sw* 25–38 cm, 11–35 kg; grösstes europäisches Nagetier; Schwanz beschuppt, abgeflacht; Schwimmhäute.
V: Früher ganz Europa, heute S-Frankreich, N-, E-Europa; Asien. *CH: AG, BE, FR, GE, NE, TG, VD, VS, ZH.*
L: Auenwälder an stehenden oder fliessenden Gewässern.
N: Wasserpflanzen, Rinde, Zweige von Weichhölzern.
Lw: Dämmerungs- und nachtaktiv; schwimmt, taucht hervorragend; lebt familienweise in Kolonien; baut am Ufer Höhlen oder Burgen mit Unterwasserzugang, baut Dämme.
F: Pz Januar–März, *Tz* 105–107 *T*, 1 Wurf mit 2–5 behaarten, sehenden Jungen; Nestflüchter; *Gr* 3. oder 4. Jahr.
B: Im 18. Jh. ausgerottet; seit 1958 Wiedereinbürgerung; Bestand 1977 125–165; *RL ER.*
S: CH.

Gartenschläfer *Eliomys quercinus* (L.)

K: KR 11–15 cm, *Sw* 10–12 cm, 60–140 g; langer Schwanz mit schwarz-weisser Endquaste (Siebenschläfer grau mit buschigem Schwanz, Baumschläfer schwarzer Augenstreif, grauer seitlich behaarter Schwanz).
V: W-, Mittel-, S-Europa; N-Afrika. *CH:* Bis zur Waldgrenze.
L: Laub-, Nadelwälder, Obstgärten.
N: Insekten, Sämereien, Obst, kleine Wirbeltiere.
Lw: Nachtaktiv; klettert gut; Nest auf Bäumen, Dachböden; Winterschlaf.
F: Pz April–Mai, *Tz* 23 (21–28) *T*, 1–2 Würfe mit 3–6 (2–8) blinden, nackten Jungen; Nesthocker.
B: Unbekannt.
S: GE, SH, VD.

Haselmaus *Muscardinus avellanarius* (L.)

K: KR 6–9 cm, *Sw* 5,5–8,6 cm, 15–30 g; goldbraun; *Sw* gleichmässig dicht behaart.
V: S-England, S-Schweden, von Pyrenäen bis Wolga; Kleinasien.
CH: Bis 1500 m ü. M.
L: Unterholzreiche Wälder, Kahlschläge mit Gebüsch, Hecken, Parks.
N: Sämereien, Früchte, zarte Blätter, Insekten.
Lw: Dämmerungs- und nachtaktiv; klettert gut; baut im Sommer aus Gras, Blättern, Moos mehrere Kugelnester; Winterschlaf in Erdlöchern; Einzelgänger.
F: Pz Mai-Juni, *Tz* 25–28 *T*, 1 (– 3) Würfe mit 3–7 blinden, nackten Jungen; Nesthocker; *Gr* im 2. Lebensjahr.
B: Unbekannt.
S: BL, GE, GL, SH, TG, VD.

Bisamratte *Ondatra zibethica* (L.)

K: KR 30–35 cm, *Sw* 20–25 cm, 1–2,4 kg; *Sw* seitlich abgeplattet, unbehaart.
V: N-Amerika; 1905 bei Prag ausgesetzt, Mittel-Europa, Finnland, N-Russland. *CH:* Ajoie, *NW-CH*, aus Frankreich eingewandert.
L: Stehende und fliessende Gewässer mit reichem Pflanzenwuchs.
N: Wasserpflanzen, Feldfrüchte, Muscheln, Wasserschnecken.

Lw: Dämmerungs- und nachtaktiv, seltener am Tag; schwimmt und taucht vorzüglich; baut Burgen aus Schilf, Binsen oder Erdhöhlen mit Unterwassereingang; familienweise in Revier.
F: Pz April–September, *Tz* 28–30 *T*, 4 Würfe mit 5–8 blinden, nackten Jungen; Nesthocker.
B: Unbekannt.
S: Jagdbar *JU*, geschützt *GE*.

Zwergmaus — *Micromys minutus* (Pallas)

K: *KR* 5–8 cm, *Sw* 4,4–7,7 cm, 5–11 g; sehr klein, hell rötlich mit scharf abgesetzter, weisser Unterseite; Klammer-*Sw*.
V: S-England, Mitteleuropa bis Asien. *CH:* W-, N- und E-*CH*, nur in der Ebene.
L: Riedgras-, Seggenbestände, Schilf, Getreidefelder.
N: Samen, Insekten.

Lw: Tag- und nachtaktiv; hochspezialisierter Halmkletterer; Nester an Halmen aufgehängt, im Winter auch Bodennester; weitgehend Einzelgänger.
F: *Pz* März–Oktober, *Tz* 21 *T*, bis 7 Würfe mit 2–6 blinden Jungen; Nesthocker; *Gr* nach 40–50 *T*.
B: Unbekannt.
S: *GE, VD*.

Wolf *Canis lupus* L.

K: KR 110–140 cm, *Sw* 30–40 cm, 25–65 (72) kg; *SH* 70–80 cm; gleicht grossem Schäferhund.
V: Europa, in Mitteleuropa ausgerottet; Asien, N-Amerika. *CH:* Im 19. Jh. ausgerottet.
L: Grosse Wälder, Steppe.
N: Wirbeltiere, besonders Säuger von Maus- bis Elchgrösse, Aas, Früchte; Hetzjäger.
Lw: Nacht- und dämmerungsaktiv; lebt in Familien oder Rudeln mit mehreren erwachsenen ♂♂ und ♀♀ in grossem (100- über 1000 km^2) Revier, das gegen andere Rudel verteidigt wird; ausdauernder Läufer.
F: Pz Dezember–Februar, *Tz* 63–65 T, *Sz* März–April, 1 Wurf mit 3–8 blinden Jungen; Nesthocker.
B: Einwanderer, so 1946/47 *VS*, 1955 Puschlav, 1978 Lenzerheide; *RL ER.*
S: Jagdbar, ausser *GE, JU, VD, ZH.*

Marderhund *Nyctereutes procyonoides* (Gray)

K: KR 65–80 cm, *Sw* 13–25 cm, 3–6,5 (10) kg; ähnlich Waschbär, aber Schwanz nicht schwarz geringelt.
V: E-Asien; Einbürgerung in UdSSR, von dort Ausbreitung bis W-Deutschland, Holland.
L: Feuchtgebiete, Flusstäler, Laub-, Mischwälder in tieferen Lagen.
N: Kleine Wirbeltiere, Würmer, Insekten, Beeren, Früchte.
Lw: Dämmerungs- und nachtaktiv; lebt in Familienverband; gräbt einfache Baue; hält Winterruhe.
F: Pz Februar–März, *Tz* (51) 57 (70) *T, Sz* April–Mai, 1 Wurf mit meist 5–6 blinden Jungen; Nesthocker.
B: In der *CH* noch nicht festgestellt, dürfte aber bald einwandern.
S: GE, VD.

Braunbär *Ursus arctos* L.

K: KR 170–250 cm, *Sw* 6–14 cm, 100–300 kg; *SH* 90–110 cm.
V: Früher ganz Europa, heute Restbestände Pyrenäen, Abruzzen, Trentino, N- und E-Europa; Asien, N-Amerika. *CH:* In den Alpen bis ins 20. Jh.
L: Ausgedehnte Waldgebiete, ungestörte Gebirgsgegenden.
N: Allesfresser, Beeren, Kräuter, Wurzeln, Rinde, Nüsse, Obst, Honig, Kleintiere, Aas, ausnahmsweise grössere Tiere.
Lw: Dämmerungs- und nachtaktiv; lebt einzeln in Revieren von 10–30 km^2; Winterruhe in Erd- oder Felshöhle.
F: Pz April–Mai (–August), *Tz* 150–245 *T*, *Sz* Dez.–Jan., 1 Wurf alle 2 Jahre mit 1–4 blinden Jungen; Nesthocker; Jugendkleid mit weissem Kragen; *Gr* mit 3–4 Jahren.
B: 1904 letzter am Piz Pisoc (Engadin) erlegt; *RL ER*.
S: CH.

Waschbär *Procyon lotor* (L.)

K: *KR* 46–70 cm, *Sw* 15–30 cm, 5–6 kg, *SH* 30–35 cm; buschiger, schwarz geringelter *Sw.*
V: N-Amerika; ausgesetzt oder aus Pelzzuchtfarm entwichen: Deutschland, Holland, Belgien, E-Frankreich, UdSSR. *CH:* Erstmals 1977 im Kanton *SH.*
L: Wälder in Flussnähe, Parklandschaften.
N: Insekten, Schnecken, Krebse, Kleinsäuger, Eier, Wald- und Feldfrüchte, Abfall.
Lw: Nachtaktiv; klettert, schwimmt gut; wohnt in Baum- oder Erdhöhlen, Felsspalten; lebt auch in Nähe von Siedlungen.
F: Pz Januar–März, *Tz* 63 *T, Sz* März–Mai, 1 Wurf mit 1–6 blinden Jungen; Nesthocker.
B: Bisher erst vereinzelt in den Kantonen *AG, BE, SH, TG, ZH.*
S: Jagdbar ausser *GE, VD.*

Hermelin *Mustela erminea* L.

K: KR 22–30 cm, *Sw* 8–12 cm, 150–350 g; im Winter ganz weiss ausser schwarzer *Sw*-Spitze (Mauswiesel hat kürzeren *Sw* ohne schwarze Spitze).
V: Europa ohne S-Europa; Asien, N-Amerika. *CH:* Bis 3000 m ü. M.
L: Mannigfaltig, Wald, offene Gebiete, Hecken, Siedlungen, Alpweiden, Geröllhalden.
N: Kleinsäuger, Kaninchen, Vögel.
Lw: Tag- und nachtaktiv; klettert, schwimmt gut, sehr flink, macht «Männchen»; lebt paarweise; Nest in Schermaus-, Maulwurfbauen, Steinhaufen, Reisig.
F: Pz Februar–März oder Juni–Juli, *Tz* etwa 2 *Mo* oder 279 *T* (Keimruhe), *Sz* März–Mai, 1 Wurf mit 4–9 blinden Jungen; Nesthocker; *Gr* mit 1 Jahr bei ♀♀, mit 2 Jahren bei ♂♂.
B: Unbekannt, grosse Schwankungen wie Mäusebestand.
S: Jagdbar ausser *BL, GE, SH, TG, VD, ZG, ZH*.

Mauswiesel *Mustela nivalis* (L.)

K: *KR* 11–24 cm, *Sw* 3,5–7 cm, 45–130 g; kleinstes Raubtier der Welt, ♂♂ grösser als ♀♀; weisses Winterkleid nur in höheren Lagen; keine schwarze *Sw*-Spitze.
V: Europa; N-Afrika, Asien, N-Amerika. *CH:* Bis 3000 m ü. M.
L: Wälder, Waldränder, Hecken, Feldgehölze, Siedlungen, Alpweiden, Geröllhalden.
N: Fast ausschliesslich Mäuse.
Lw: Tag- und nachtaktiv; flink, schlüpft in Mauselöcher; Einzelgänger; Nest in Steinhaufen, Erdhöhlen, Mauern.
F: *Pz* März–August, *Tz* 35 *T*, *Sz* April–Mai, Juli–August, meist 2 Würfe mit 4–11 blinden Jungen; Nesthocker; *Gr* ♀ nach 6 *Mo*, ♂ nach 12 *Mo*.
B: Unbekannt; starke Schwankungen entsprechend Beutebestand.
S: Jagdbar ausser *BL, GE, SH, TG, VD, ZG, ZH*.

Otter *Lutra lutra* (L.)

K: KR 62–83 cm, Sw 35–55 cm, 5,5–16,8 (23) kg; Schwimmhäute zwischen den Zehen.
V: Europa; N-Afrika, Asien. *CH:* Ab Jh.-Wende, vor allem ab 1940, rascher Rückgang.
L: Flüsse, Seen mit natürlicher Ufervegetation und ungestörtem Hinterland.
N: Langsam schwimmende Fische, Lurche, Kleinsäuger, Vögel, Krebse, Insekten.
Lw: Nachtaktiv; schwimmt, taucht hervorragend; ♂ Revier ca. 10 km im Durchmesser; Baue in Uferböschung.
F: Wenig Konkretes bekannt; 1 Wurf mit 2–5 blinden Jungen; Nesthocker.
B: 1979 ca. 15 Tiere in den Kantonen *BE, FR, NE, VD.* Wiederansiedlungsversuch 1977. *RL ER.*
S: CH.

Steinmarder *Martes foina* (Erxleben)

K: *KR* 40–50 cm, *Sw* 23–27 cm, 1–2,4 kg; Kehlfleck weiss, Nasenspiegel fleischfarben, Sohle unbehaart (Baummarder Kehlfleck gelb, Nasenspiegel dunkel, Sohlen behaart).
V: Europa ohne England und N-Europa; Asien. *CH:* Bis 2000 m ü.M.
L: Wald, Steinbrüche, baumlose Felsgebiete, Siedlung, auch in Städten.
N: Kleine bis mittelgrosse Säugetiere und Vögel, Obst, Beeren, Nüsse.
Lw: Dämmerungs- und nachtaktiv; guter Kletterer; spielfreudig; Einzelgänger; Lager in Baumhöhlen, Reisig- und Steinhaufen, Gebäuden.
F: Pz Juli–August, *Tz* 247–280 *T* (Keimruhe), *Sz* März–April, 1 Wurf mit 2–6 blinden Jungen; Nesthocker; *Gr* 2–3 Jahre.
B: Unbekannt.
S: Jagdbar, ausser *GE.*

Wildkatze *Felis silvestris* Schreber

K: KR 50–80 cm, *Sw* 25–40 cm, 3,8–8 (11,5) kg; *Sw* dick mit schwarzen Ringen, stumpfes schwarzes Ende.
V: Grossbritannien, W-, Mittel-, S-, E-Europa; Afrika, Asien bis Hinterindien. *CH:* Früher Jura, Mittelland, Voralpen, Alpen(?); jetzt nur noch Jura(?).
L. Wälder, bewachsene Felsgebiete.
N: Vorwiegend Mäuse, kleine bis mittelgrosse Wirbeltiere.

Lw: Dämmerungs- und nachtaktiv; scheu, klettert gut; Anstand- oder Pirschjagd; Einzelgänger in 1–3 km^2 grossen Revieren; meidet grosse Kälte, hohen Schnee.
F: Pz Februar–März, *Tz* 63–68 T, *Sz* April–Mai, 1 Wurf mit 3–5 blinden Jungen; Nesthocker.
B: Unbekannt; Aussetzungen 1962/63 *BE*-Oberland, 1974–76 Jura *(VD); RL ER.*
S: CH.

Luchs *Lynx lynx* (L.)

K: *KR* 80–120 cm, *Sw* 12–25 cm, 17–37 kg, *SH* 54–75 cm; gross, hochbeinig, kurzer *Sw*, Ohren mit Haarpinsel, Backenbart.
V: Ursprünglich Europa ohne Grossbritannien; Asien, N-Amerika. *CH:* Im 18.Jh. nur noch in den Alpen, 1902 letzter am Simplon erlegt.
L: Ausgedehnte Wälder.
N: Hauptbeute Reh, kleine bis grosse Säugetiere, Vögel.
Lw: Dämmerungs- und nachtaktiv; Anstand- und Pirschjäger; Einzelgänger, Reviergrösse 10–300 km^2 je nach Nahrungsmenge.
F: Pz Januar–März, *Tz* 63–70 *T*, *Sz* März–Mai, 1 Wurf mit 1–4 blinden Jungen; Nesthocker; *Gr* mit etwa 2 Jahren.
B: 40 (?) Stück *OW, BE, FR, LU.* Ab 1970 Wiedereinbürgerung *(OW, LU,* Engadin, *NE, VD); RL ER.*
S: CH.

Wildschwein *Sus scrofa* L.

K: KR 110–185 cm, *Sw* 15–47 cm, 35–180 kg, *SH* 85–95 cm.
V: Europa ohne N-Europa (in Grossbritannien und Südschweden ausgerottet); N-Afrika, Südasien. *CH:* Vor allem in Laubwaldzone, bis 1700 m ü. M.; im 18./19. Jh. ausgerottet.
L: Wälder mit Dickicht, Maisfelder, Sumpfgebiete.
N: Wurzeln, Knollen, Kräuter, Gras, Mäuse, Insekten, Würmer, Eicheln, Buchnüsschen (Mast).
Lw: Dämmerungs- und nachtaktiv; scheu, schwimmt, suhlt gerne; alte ♂♂ Einzelgänger, ♀♀, Jungtiere in Rotten.
F: Pz November–Januar, *Tz* 117–123 T, *Sz* März–April, 1 Wurf mit (2) 4–6 (12) Jungen; Nestflüchter; *Gr* mit 1–2 Jahren; bei Eichel- oder Buchenmast 2 Würfe, *Gr* der ♀♀ mit ½ Jahr.
B: Unbekannt, seit 1950 Standwild in W- und NW-*CH*.
S: Jagdbar ausser *GE, TG*.

Rothirsch *Cervus elaphus* L.

K: KR 164–265 cm, *Sw* 10–22 cm, 75–150 (340) kg, *SH* 75–150 cm; im Sommer rotbraun (Rotwild), im Winter braungrau, Jugendkleid mit weissen Tupfen; ♂♂ mit Geweih, das jährlich abgeworfen (März/April) und neugebildet wird; im Gegensatz zu Reh mit *Sw*. *V:* Europa ohne N; N-Afrika, Asien, N-Amerika. *CH:* Mitte 19. Jh. ausgerottet. *L:* Wälder, Weiden über Waldgrenze.

N: Gras, Kräuter, Blätter, Baumtriebe, Rinde, Flechten, Eicheln. *Lw:* Dämmerungs- und nachtaktiv; ♂♂ und ♀♀ ausserhalb Brunft in getrennten Rudeln; suhlt. *F: Pz* Sept.–Okt., ♂ verteidigt Harem, *Tz* 225–245 *T, Sz* Mai–Juni, 1 (2) Junge; Nestflüchter; *Gr* mit $1\frac{1}{2}$–$2\frac{1}{2}$ Jahren. *B:* 1978 20 000; ab 1880 Einwanderung in *GR; RL ER:* Korsika. *S:* Jagdbar ausser *BL, BS, BE, FR, GE, NE, SH, SO, TG, VD, ZH*.

Sikahirsch

Cervus nippon
Temminck

K: KR 105–155 cm, Sw 10–20 cm, 25–110 kg, SH 75–110 cm; Sommerkleid kastanienbraun mit schwarzem Rückenstrich und hellen Tupfen, Winterkleid schwarzbraun; ♂♂ mit Geweih; «Spiegel» schwarz eingefasst; Sw Oberseite weiss.
V: Ostasien; Europa eingeführt. CH: N von Rhein SH, ZH.
L: Wälder mit dichtem Unterholz und offenen Äsungsplätzen.
N: Gras, Kräuter, Knospen, Rinde.
Lw: Dämmerungs- und nachtaktiv; Verhalten wie Rothirsch.
F: Pz Ende Sept.–November, Tz 8 Mo, Sz Mai–Juni, 1 (2) Junge; Nestflüchter.
B: 1978 130 SH, 15 ZH, stammen von Tieren, die in S-Deutschland aus Gehege entwichen sind.
S: Jagdbar ausser BL, BS, BE, FR, GE, NE, SO, TG, VD, ZH.

Reh *Capreolus capreolus* (L.)

K: KR 95–135 cm, 15–32 kg, *SH* 60–80 cm; Sommerkleid rotbraun, Winterkleid graubraun, Kitz gefleckt; ♂ mit kleinem Geweih, das jährlich abgeworfen (Nov.–Dez.) und neugebildet wird; weisser «Spiegel»; kein *Sw.*
V: Europa bis zum 62.°; Vorderasien, Zentralasien, China. *CH:* Bis zur Waldgrenze.
L: Vielgestaltig, Wald und Feld.
N: Kräuter, Knospen, Schösslinge, Beeren, Pilze.
Lw: Tag- und nachtaktiv; ♀♀ zur *Sz*, ♂♂ von Frühling bis Spätsommer in Revieren, im Winter und beim Feldreh auch im Sommer in Rudeln; suhlt nicht.
F: Pz Juli–August, *Tz* $9\frac{1}{2}$ *Mo* (Keimruhe), *Sz* Mai–Juni, 1–2 (3) Junge; Nestflüchter; *Gr* nach $1\frac{1}{2}$ oder $2\frac{1}{2}$ Jahren.
B: 1978 120000; im 19.Jh. selten, seit 1900 starke Zunahme.
S: Jagdbar ausser *GE*.

Alpensteinbock *Capra ibex* L.

K: *KR* 100–160 cm, *Sw* 12–15 cm, ♂♂ 35–120 kg, ♀♀ 30–55 kg, *SH* 65–100 cm; Hörner der ♂♂ säbelartig mit Schmuckwülsten, 60–100 cm, ♀♀ ziegenartig 19–32 cm; Sommerkleid fahl grau-beige, Winterkleid der ♂♂ dunkelbraun. V: Alpen. *CH:* Ende 18. Jh. ausgerottet.
L: Von Felsen durchzogene Hänge oberhalb Waldgrenze; im Winter südexponierte Steilhänge.
N: Kräuter, Gras, Flechten.

Lw: Tagaktiv; hervorragender Felskletterer; Geschlechter ausserhalb *Pz* in getrennten Herden; Rangordnung unter ♂♂ nach Gehörnlänge.
F: *Pz* Dez.–Januar, *Tz* 165–170 T, *Sz* Ende Mai–Anfang Juli, 1 (2) Junge; Nestflüchter; *Gr* mit 3–4 Jahren.
B: 1978 8800; erste Aussetzung 1911 *SG; RL ER.*
S: *CH*, ab 1977 *GR* stärkere Hegeabschüsse.

Gemse *Rupicapra rupicapra* (L.)

K: *KR* 110–140 cm, *Sw* 7–14 cm, 24–65 kg, *SH* 70–86 cm; Sommerkleid rötlichbraun mit schwarzem Rückenstrich, Winterkleid schwarzbraun; auffällige Gesichtszeichnung; Geschlechtsunterschied gering.
V: Alpenraum, Pyrenäen, Apennin, Karpaten, Tatra, Balkan; Vogesen, Schwarzwald ausgesetzt.
CH: Alpen, Voralpen, Jura, Mittelland.
L: Wälder, Legföhrenregion, Fels, Geröllhänge.
N: Gras, Kräuter, Nadeln, Flechten.
Lw: Tagaktiv; klettert, springt vorzüglich, sinkt dank stark spreizbarer Hufe wenig im Schnee ein; ausserhalb *Pz* ♂♂ einzeln, ♀♀ in Rudeln.
F: *Pz* Nov.–Dez., *Tz* 150–170 *T*, *Sz* Ende April–Juni, 1 (2) Junge; Nestflüchter; *Gr* mit 2–3 Jahren.
B: 1978 66 000; im Jura ausgesetzt.
S: Jagdbar ausser *AG, BL, BS, GE, SH, SO, TG, ZG, ZH.*

Purpurreiher *Ardea purpurea* L.

K: 79 cm, 630–1200 g; schlanker als Graureiher; längere Zehen, Hals im Flug eingezogen, dunkler Rücken, Flügeldeckfedern bilden keinen Kontrast zu schwarzen Schwingen.
V: S-, SE-, Mitteleuropa; NW-, Zentral-, S-Afrika, S-Asien. *CH:* NE-See seit 1941.
L: Ausgedehnte Schilfdickichte in seichtem Wasser.
N: Fische, Lurche, Kriechtiere, Kleinsäuger, Insekten, Krebse, Schnecken.
Lw: Tag- und nachtaktiv; brütet gesellig; Zugvogel.
F: April–Juli, Horst im Schilf oder auf Bäumen (selten), (2) 4–5 (7) blau-grüne Eier, ♂ und ♀ an Nestbau, Brüten und Jungenaufzucht beteiligt, *Bd* 24–28 *T*, *Nd* 5–6 *Wo;* Nesthocker.
B: Weniger als 5 Paare, starker Rückgang (1955–61 mehr als 40 Paare); *RL.*
S: CH.

Zwergreiher *Ixobrychus minutus* (L.)

K: 36 cm, 64–170 g; kleinster Reiher, hähergross; auf Bild ♂, ♀ weniger kontrastreich.
V: Kontinentaleuropa von Baltikum bis Mittelmeer; N-Afrika, S-Asien. *CH:* Bis 600 m ü. M.
L: Mit Schilf, Rohrkolben, Weiden bestandene grössere und kleinere Gewässer.
N: Fische, Wasserinsekten, Lurche.
Lw: Tag- und nacht-, vor allem dämmerungsaktiv; brütet in Einzelpaaren oder losen Kolonien, ausgeprägtes Revierverhalten; Zugvogel.
F: Mai–August, ♂ und ♀ an Brut und Aufzucht beteiligt, 4 (2–6) weisse Eier, *Bd* 16–20 *T*, *Nd* 30 *T*; Nesthocker.
B: Kaum wesentlich über 50 Brutpaare, drastischer Rückgang in den letzten 20 Jahren; *RL* starker Rückgang, vielerorts verschwunden.
S: CH.

Weißstorch — *Ciconia ciconia* (L.)

K: 102 cm, 2,7–4,4 kg; Hals beim Fliegen ausgestreckt, Segelflieger.
V: Holland E-wärts bis Mittel-Russland, Dänemark, S-Schweden bis Alpen, Pyrenäenhalbinsel, Balkan; NW-Afrika, Vorderasien, E-Asien. *CH:* Um 1900 140 besetzte Horste, 1950 ausgestorben.
L: Offenes Gelände, feuchte Niederungen.
N: Mäuse, Insekten, Lurche, Kriechtiere, Fische, Würmer, Schnecken.
Lw: Tagaktiv; Paar verteidigt Horstrevier, auf Zug gesellig; Zugvogel.
F: März-Juni, ♂ und ♀ an Brut und Aufzucht beteiligt, Horst meist auf Dächern, Kaminen, seltener auf Bäumen, *Bd* 31–34 *T*, 3–5 weisse Eier, *Nd* 8 *Wo;* Nesthokker.
B: Wiederansiedlungsversuch ab 1955, wieder Freibruten seit 1974; *RL* kritische Bestandesgrösse.
S: CH.

Kolbenente *Netta rufina* (Pallas)

K: 56 cm, 810–1200 g; auf Bild ♂ im Prachtkleid, ♀ graubraun mit hellen Wangen und dunkelbraunem Oberkopf, ♂ im Schlichtkleid wie ♀, aber mit rotem Schnabel.
V: In Europa inselartig vom Mittelmeer bis Baltikum; W-, Zentralasien. *CH:* Bodensee, Unter-, *NE*-See, Klingnauer Stausee.
L: Mit Unterwasserpflanzen dicht bewachsene, seichte Seen, Weiher.
N: Ausgesprochenster Pflanzenfresser unter Tauchenten, Wasserpflanzen.
Lw: Tag- und nachtaktiv; gesellig auch zur Brutzeit; Nahrungserwerb tauchend oder gründelnd; Zugvogel.
F: Ende April–August, ♀ brütet, ♂ wacht in Nähe, 6–10 rahmgelbliche Eier, *Bd* 26 *T;* Nestflüchter.
B: Wenig über 10 Brutpaare, zunehmend; *RL* nur kleiner Bestand.
S: CH.

Steinadler *Aquila chrysaetos* (L.)

K: 76–89 cm, ♂♂ 3250–4400 g, ♀♀ 3750–6600 g, Spannweite bis 250 cm; lange, nicht sehr breite Flügel, mittellanger *Sw*, Jungvögel mit weisser *Sw*-Wurzel und weissem Flügelfleck.
V: Europa (lückenhaft); NW-Afrika, Asien, N-Amerika. *CH:* Alpen und Voralpen.
L: Talhänge, Bergflanken, jagt im Sommer meist über Waldgrenze.

N: Murmeltier, Rauhfusshühner, junge Paarhufer, andere Wirbeltiere, Aas; Überraschungsjäger.
Lw: Tagaktiv; paarweise in Revier von über 100 km² mit mehreren Horsten, die unter Waldgrenze liegen.
F: Dez.-August, *Bd* 40–45 *T*, meist 2 weisse, rotbräunlich gefleckte Eier, *Nd* 77–80 *T*.
B: 100–120 Paare. *RL* keine Abnahme, aber kleiner Bestand.
S: *CH*.

Sperber *Accipiter nisus* (L.)

K: ♂ 28 cm, 134–162 g, ♀ 38 cm, 220–310 g; auf Bild ♂, ♀ dunkelbraun quergebändert; kurze, runde Flügel, langer *Sw*, lange, gelbe Füsse und Zehen.
V: Europa; NW-Afrika, Asien.
CH: Bis Waldgrenze.
L: Nadel- und Mischwälder mit offenem Gelände.
N: Hauptsächlich Vögel, ♂ von Sperlings- bis Drosselgrösse, ♀ Drossel- bis Taubengrösse, Überraschungsjäger.

Lw: Tagaktiv; Einzelgänger, Paar verteidigt Revier; Stand-, Strich- und Zugvogel.
F: April–August, Arbeitsteilung: ♀ brütet, ♂ bringt Futter, *Bd* 33–35 *T*, 4–6 grünliche, rotbraun gefleckte Eier, *Nd* 24–30 *T*.
B: Unbekannt; *RL* starker Rückgang, aus vielen Gebieten des Mittellandes verschwunden.
S: CH.

Habicht *Accipiter gentilis* (L.)

K: ♂ 50 cm, 675–762 g, ♀ 65 cm, 1117–1186 g; auf Bild Altvogel, Jungvögel längs gefleckt und nicht gebändert; ähnlich Sperber, grösser.
V: Europa; NW-Afrika, Asien, N-Amerika. *CH:* Bis zur Waldgrenze.
L: Altholzreiche Nadel- und Mischwälder mit offenem Gelände.
N: Hauptsächlich Vögel, daneben Säugetiere, ♂ bis Fasanen- und Kaninchengrösse, ♀ bis Reiher-, Hasengrösse; Überraschungsjäger.
Lw: Tagaktiv; Paar lebt zusammen in Revier, sonst Einzelgänger; Stand-, Strich-, Zugvogel.
F: März–Juli, Arbeitsteilung nicht so ausgeprägt wie bei Sperber, *Bd* 35–38 *T*, 3–4 grünliche Eier, *Nd* 40 *T*.
B: Unter 300 Paare (?); *RL* aus Mittelland weitgehend verschwunden.
S: CH.

Rotmilan *Milvus milvus* (L.)

K: 61 cm, ♂ 757–1221 g, ♀ 977–1600 g; grösser, langflügliger, langschwänziger, kontrastreicher als Schwarzmilan.
V: Europa ohne N-Skandinavien, Balkan bis Westrussland; NW-Afrika. CH: Jura (von NE NE-wärts), Zentral- und E-CH, Mittelland; bis 600 (1000) m ü. M.
L: Reich gegliederte Landschaft mit bewaldeten und freien Flächen.
N: Vielseitig; Kleinsäuger, Vögel, Fische, Kriechtiere, Insekten, Aas, nimmt andern Vögeln Beute ab; Suchflugjäger.
Lw: Tag- und dämmerungsaktiv; Horstrevier, sonst oft in Gruppen, an gemeinsamem Schlafplatz bis 40 und mehr; Zugvogel.
F: März–Juli, Bd 28–30 T, 2–3 braungefleckte Eier, Nd 50–54 T.
B: Um 100 Paare, Ausbreitungstendenz; RL latent gefährdet.
S: CH.

Rohrweihe *Circus aeruginosus* (L.)

K: 48–56 cm, ♂ 448–718 g, ♀ 480–978; auf Bild ♀, ♂ grauer *Sw*, graue Armschwingen; Gaukelflug, Gleiten mit hochgehaltenen Schwingen.
V: Europa (ohne N); N-Afrika, W-, E-Asien, Australien, Pazifik, Indischer Ozean. *CH:* Unregelmässiger Brutvogel im Mittelland, vor allem *NE*-See.
L: Ausgedehnte Schilfbestände mit anschliessender Verlandungszone.
N: Kleine Säugetiere und Vögel; niedriger Suchflug.
Lw: Tagaktiv; Einzelgänger; Zugvogel.
F: April–Juli, *Bd* 32–33 *T*, 4–5 grünlich-weisse Eier, *Nd* 56 *T*.
B: Nur gelegentliche Bruten; *RL* hat wohl nie in grosser Zahl in *CH* gebrütet.
S: CH.

Schlangenadler *Circaetus gallicus* (Gmelin)

K: 63–69 cm, ♂ 1500–2000 g, ♀ 1513–2110 g; grosser Kopf mit gelben, nach vorn gerichteten Augen, Füsse blaugrau, unbefiedert.
V: S- und E-Europa; Afrika, SW-Asien bis Mongolei. *CH:* Am Rande des Verbreitungsgebietes, *GE*, Unter-*VS*, S-*TI*.
L: Besonnte Hänge mit Fels, offenen Stellen abwechselnd mit Gebüsch oder Wald.
N: Hauptsächlich Kriechtiere; rüttelt, Anstandsjagd von Warte aus, Suchflug.
Lw: Tagaktiv; Paar verteidigt Revier, Einzelgänger; Zugvogel.
F: April–August, *Bd* 45–47 *T*, 1 weisses Ei, *Nd* 70–75 *T*.
B: 0–3 Brutpaare; *RL*.
S: CH.

Wanderfalke — *Falco peregrinus* Tunstall

K: 38–48 cm, ♂ 582–636 g, ♀ 925–950 g; gedrungene Gestalt, spitze Flügel, relativ kurzer *Sw,* breiter schwarzer Backenstreif, Jungvögel quergestreift, Altvögel längsgestreift.
V: Nahezu weltweit. *CH:* Bis 1500 m ü. M, vor allem Jura, W-*CH*, Mittelland, Voralpen.
L: Für Horstplatz steile, oft überhängende Felswände mit Nischen oder Bändern.
N: Vor allem Vögel von Staren- bis Krähengrösse; Verfolgungsjagd im freien Luftraum.
Lw: Tagaktiv; Paar verteidigt Brutrevier; Einzelgänger; Stand-, Strich- und Zugvogel.
F: Februar–Mai, trägt kein Nistmaterial ein, *Bd* 28–29 *T,* 3–4 rotbraun gefleckte Eier, *Nd* 35–40 *T.*
B: Unter 20 Paaren; *RL* kritische Bestandesgrosse; *RL ER.*
S: CH.

Auerhuhn *Tetrao urogallus* L.

K: ♂ 86 cm, 2400–6000 g; ♀ 61 cm, 1375–2250 g; auf Bild balzender Hahn, ♀ braun; grösste einheimische Wildhuhnart.
V: Skandinavien, Mitteleuropa, Balkan, Schottland, Pyrenäen; bis Zentralsibirien. *CH:* Jura, Voralpen, Alpen, bis 1500 (1950) m ü. M.
L: Naturnahe Nadel- und Mischwälder mit trockenen bis feuchten Böden.
N: Überwiegend pflanzlich, im Winter fast ausschliesslich Koniferennadeln, Jungvögel Insekten.
Lw: Dämmerungs- und tagaktiv; ausserhalb *Pz* in kleinen Gruppen; Einzel- oder Kollektivbalz der ♂♂, ♀ besorgt allein Brut und Aufzucht.
F: Balz April–Mai, *Bd* 26–28 *T*, 5–12 gelbrötliche, gesprenkelte Eier; Nestflüchter, flugfähig ab 6. *T.*
B: 1000–1300 ♂♂, im Rückgang, aus Mittelland verschwunden; *RL.*
S: CH.

Steinhuhn

Alectoris graeca
(Meisner)

K: 34 cm, ♂ 650–750 g, ♀ 500–650 g, ♂♂ und ♀♀ gleiches Kleid.
V: Alpen, dinarische Gebirge, Balkan, Peloponnes, Apennin, Sizilien. *CH:* Ganze N- und S-Alpenzone von 900–2700 m ü. M., Luganer Alpen.
L: Sonnenexponierte, mit Fels durchsetzte, früh ausapernde Steilhänge, Blockfelder.
N: Vorwiegend pflanzlich.

Lw: Dämmerungs- und tagaktiv; zur Brutzeit paarweise, sonst kleine Flüge; Stand-, Strichvogel.
F: April–Juli, *Bd* 24–26 *T,* 9–15 lehmfarbene Eier; Nestflüchter; flugfähig mit 20 *T.*
B: 500–700 Paare (?), teilweise starker Rückgang; *RL* in vielen Gebieten verschwunden.
S: Jagdbar ausser *AR, AI, BL, BS, BE, FR, GE, GL, GR, JU, LU, NE, NW, OW, SG, SH, TG, VD, VS, ZG, ZH.*

Tüpfelsumpfhuhn *Porzana porzana* (L.)

K: 23 cm, 60–127 g, ♂ wie ♀ gefärbt.
V: Europa; bis Zentralasien. *CH:* Lokaler Brutvogel im Mittelland bis 700 m ü. M.
L: Dicht mit Schilf, Binsen, Rohrkolben, Seggenhorsten bewachsene Feuchtgebiete.
N: Kleine Insekten, Spinnen, Schnecken, zarte Pflanzenteile.
Lw: Tag- und dämmerungsaktiv, ruft auch nachts; Paar verteidigt kleines Revier (400–800 m^2); Einzelgänger; Zugvogel.
F: Mai–Juli, *Bd* 18–21 *T*, 8–14 olivgelbliche Eier mit rotbraunen Sprenkeln, ♂ und ♀ an Brut und Aufzucht beteiligt, 2 Bruten; Nestflüchter, mit 35–42 *T* voll flugfähig.
B: Unbekannt; *RL.*
S: CH.

Flussregenpfeifer *Charadrius dubius* Scopoli

K: 16 cm, 30–46 g; ♂ = ♀; Kennzeichen gegenüber ähnlichem Sandregenpfeifer: keine Flügelbinde, Ruf piu.
V: Europa; NW-Afrika, Asien, Neuguinea. *CH:* Mittelland, Alpenrand bis 600 m ü. M.
L: Kiesbänke an See- und Flussufern, Kiesgruben.
N: Vor allem Insekten, daneben Spinnen, Würmer, Schnecken: «Fusstrillern» zum Aufscheuchen von Beute.
Lw: Überwiegend tagaktiv; Paar verteidigt Revier von mindestens 5000 m^2; Zugvogel.
F: Ende April–August, *Bd* 22–28 *T*, ♂ und ♀ an Brut und Aufzucht beteiligt, 4, der Umgebung angepasste Eier, 1–2 Bruten, Küken tarnfarben; Nestflüchter, mit 22–25 *T* flugfähig.
B: 1960–62 20 Paare, 1971–73 15, 1979 25 Paare; *RL* latent gefährdet.
S: CH.

Bekassine *Gallinago gallinago* (L.)

K: 27 cm, 76–180 g; langer gerader Schnabel; Zickzackflug.
V: Europa; Asien, N- und S-Amerika, Afrika. *CH:* Mittelland bis 600 m ü. M.
L: Riedflächen, Feuchtwiesen mit offenen Wasserstellen.
N: Kleintiere der oberen Bodenschicht wie Schnecken, Würmer, Insekten; sucht Nahrung, indem sie in oberster Bodenschicht mit Schnabel stochert und Nahrung «erfühlt».

Lw: Tag- und nachtaktiv, vor allem in Dämmerung; Paar verteidigt Revier, sonst einzeln oder in Gruppen; Zugvogel.
F: Ende März–Juli, *Bd* 19–21 *T*, nur ♀ brütet, 4 tarngefärbte Eier, 1 Brut; Nestflüchter, mit 30 *T* voll flugfähig.
B: Um 1960 noch gegen 100 Brutpaare, jetzt noch etwa 25; *RL*.
S: Jagdbar ausser *AG, AR, BL, BE, GE, GL, GR, LU, SG, SH, TG, ZG, ZH.*

Grosser Brachvogel *Numenius arquata* (L.)

K: 53–58 cm, ♂ 572–779 g, ♀ 680–919 g; Schnabel ♂ 11,4 cm, ♀ 14,3 cm.
V: Europa ohne S-Europa; Asien.
CH: Mittelland bis 500 (1000) m ü.M.
L: Offene Flächen mit niedriger Vegetation, Besenried, kurzgrasiges Weideland, meidet Äcker und Wiesen.
N: Insekten, Regenwürmer, Weichtiere, Spinnen; Nahrung wird auf Erdoberfläche und im Boden stochernd erbeutet.
Lw: Tagaktiv, zieht aber nachts; Paar, vor allem ♂, verteidigt 20–50 ha grosses Revier, ausserhalb Bz in Trupps; Zugvogel.
F: März–Juni, Bd 26–28 T, ♂ und ♀ brüten, 4 tarnfarbige Eier, 1 Brut; Nestflüchter, mit etwa 40 T flugfähig.
B: Um 1950 50–60 Brutpaare, 1978 noch 15; RL kritisch.
S: CH.

Bruchwasserläufer *Tringa glareola* L.

K: 20 cm, 48–80 g; starengross; bestes Kennzeichen zum ähnlichen Waldwasserläufer ist Ruf, ein hartes «gip, gip, gip».
V: Europa von N-Deutschland, Dänemark, Polen bis zum Eismeer; Asien. *CH:* Nur Durchzügler, kein Brutvogel.
L: Hochmoore mit geringem Baumbestand.

N: Land- und Süsswasserinsekten, Krebse, Schnecken; Nahrung wird am Boden aufgelesen.
Lw: Überwiegend tagaktiv; Brutpaar verteidigt Revier, sonst gesellig; Zugvogel.
F: April–Juni, *Bd* 22–23 *T*, ♂ und ♀ brüten, 4 tarnfarbene Eier, 1 Brut; Nestflüchter, mit 30 *T* flugfähig.
B: Regelmässiger Durchzügler: März–Mai, Juli–Oktober.
S: CH.

Silbermöwe *Larus argentatus* L.

K: 56 cm, 865–1315 g; Füsse der Nordseerasse fleischfarben, der Mittelmeerrasse gelb, Jungvögel bräunlich.
V: Küsten Europas; N-Afrikas, Asiens, N-Amerikas. *CH:* Bis jetzt nur am *NE*-See (Mittelmeerrasse).
L: Sandige, felsige, grasbewachsene Meeresküste, zunehmend auch an Seen im Binnenland.
N: Allesfresser, auch gerne Abfälle, Eier, Jungvögel.

Lw: Tagaktiv; Kolonienbrüter, das Paar verteidigt kleines Revier um Nest; sonst gesellig.
F: März–Juli, *Bd* 25–27 *T*, ♂ und ♀ brüten, 3 olivbraune, gefleckte Eier; Nestflüchter, mit etwa 50 *T* flugfähig.
B: Seit 1968 Brutvogel, heute 3–5 Paare; *RL* Art an sich nicht gefährdet, starke Vermehrung seit 50 Jahren.
S: CH.

Flußseeschwalbe — *Sterna hirundo* L.

K: 36 cm, 101–175 g; zierlicher Möwenvogel mit schnittigem Flug, langer, gegabelter *Sw.*
V: Europa; Asien, N-Amerika.
CH: Mittelland.
L: Kies- und Sandinseln in Seen und Flüssen, künstliche Inseln, Nestflosse.
N: Hauptsächlich kleine Fische; Stosstaucher.
Lw: Tagaktiv; Koloniebrüter; Zugvogel.
F: Mai–Juli, *Bd* 21–23 *T*, ♂ und ♀ brüten, 2–3 tarnfarbene Eier; Nestflüchter, mit 30 *T* flugfähig.
B: 1940 6 Kolonien mit 60 Brutpaaren, 1978 11 Kolonien mit 250–300 Brutpaaren dank künstlichen Inseln und Flossen; *RL* latent gefährdet.
S: CH.

Hohltaube *Columba oenas* L.

K: 33 cm, 250–300 g; kleiner als Ringeltaube, kein weisser Halsfleck, keine weisse Flügelbinde.
V: Europa; NW-Afrika, Asien.
CH: Jura, Mittelland, Voralpen bis 900 m ü. M., S-*TI*.
L: Parkartige Landschaften, Alleen, Obstgärten, offenes Kulturland mit Feldgehölzen.
N: Sämereien, Beeren.
Lw: Tagaktiv; Baumhöhlen-, Felshöhlen-Brüter, kann in Kolonien brüten; gesellig; Zugvogel.

F: März–August, *Bd* 16–18 *T*, ♂ und ♀ an Brut und Aufzucht beteiligt, 2 weisse Eier, 3–4 Bruten, die Nestlinge werden mit «Kropfmilch» (Absonderung der Kropfhaut) gefüttert, *Nd* 20–28 *T;* Nesthocker.
B: Unbekannt; *RL* starker Rückgang seit 1950.
S: Jagdbar ausser *AG, BL, GE, GR, SH, SO, TG, ZG, ZH*.

Uhu *Bubo bubo* (L.)

K: 66–71 cm, ♂ 2 kg, ♀ 2,5 kg; grösste Eulenart.
V: Europa; NW-Afrika, Asien.
CH: Voralpen und Alpen zwischen 600 und 2100 m ü. M.
L: Steile, unzugängliche Felswände mit Nischen und Bändern zum Brüten in direktem Kontakt mit grossflächig offenen Flächen für Nahrungserwerb.
N: Kleine bis mittelgrosse Säuger, Vögel, Lurche, Kriechtiere, Fische.
Lw: Nacht- und dämmerungsaktiv; Paar verteidigt Revier, Abstand der Brutplätze in dicht besiedeltem Gebiet 6–7 km; Standvogel.
F: März–Juli, *Bd* 35 *T*, nur ♀ brütet, 2–4 weisse Eier; Nesthocker.
B: Etwa 60 Paare; Aussetzungen in Voralpen, Jura; *RL, RL ER.*
S: CH.

Steinkauz — *Athene noctua* (Scopoli)

K: 22 cm, 135–198 g; klein, gelbe Augen; der Waldkauz, unsere häufigste Eulenart, ist viel grösser, hat dunkle Augen.
V: Europa ohne Skandinavien; N-Afrika, Asien. *CH:* Ajoie, Mittelland bis 600 m ü. M., S-*TI*.
L: Offene Gebiete (Äcker, Wiesen, Weiden) mit Bäumen, Obstgärten, Siedlungen, benötigt Höhlen zum Brüten.
N: Vorab Grossinsekten, Kleinsäuger, kleine Vögel, Regenwürmer; Anstandsjäger, Suchflug, Bodenjagd.
Lw: Dämmerungs-, nacht- und tagaktiv; Paar verteidigt Revier; Einzelgänger; Standvogel; starker Rückgang nach harten Wintern.
F: April–Juni, *Bd* 28 *T*, 3–7 weisse Eier; Nesthocker.
B: Unbekannt; *RL* starker Rückgang, aus vielen Gebieten verschwunden.
S: CH.

Nachtschwalbe

Caprimulgus europaeus L.

K: 58–89 g; ♂ im Flug mit weissen Flügelmarken.
V: Europa; NW-Afrika, W-Asien.
CH: Mittelland, vor allem W-*CH*, Rhonetal, Churer Rheintal, S-*TI*, bis 800 (1500) m ü. M.
L: Lichtungen, Schneisen, Kahlschläge in Wald- und Buschbeständen sonniger, trockener Gegenden.
N: Nachtfalter, Käfer, andere Insekten; Flugjäger, Rütteln.
Lw: Vor allem dämmerungsaktiv; Balzflug mit Flügelklatschen, Schnurren; Zugvogel.
F: Mai–August, *Bd* 16–18 *T*, ♂ und ♀ an Brut und Aufzucht beteiligt, 2 rahmweisse braun gefleckte Eier, 2 Bruten; Nestflüchter, mit 16–18 *T* flugfähig.
B: Unbekannt; *RL* Rückgang, Grad der Gefährdung nicht bekannt.
S: CH.

Eisvogel   *Alcedo atthis* (L.)

K: 17 cm, 30–44 g; Schnabelwurzel beim ♀ rot.
V: Europa; NW-Afrika, Teile Asiens, Indonesien bis Melanesien. *CH:* Ajoie, Mittelland, Rhonetal, *TI*, bis 600 m ü.M.
L: Bäche, Flüsse, Seen, Teiche mit kahlen Uferböschungen zum Anlegen der Bruthöhle.
N: Kleine Fische, Insekten; Wartenjäger.
Lw: Tagaktiv; Einzelgänger; Stand-, Strichvogel, starker Rückgang nach harten Wintern.
F: März–August, *Bd* 19–21 *T*, ♂ und ♀ an Brut, Aufzucht beteiligt, 5–8 weisse Eier, 2–3 Bruten; Nesthocker, *Nd* 23–26 *T*.
B: Unbekannt; *RL* starker Rückgang, in vielen Gebieten verschwunden.
S: CH.

Wiedehopf   *Upupa epops* L.

K: 28 cm, 51–68 g; Flug schmetterlingshaft.
V: Europa ohne Grossbritannien, Skandinavien; Afrika, Asien. *CH:* Mittelland, offene Täler des Jura und der N-Alpen, Rhonetal, Unterengadin, *TI*, bis 1000 m ü. M.
L: Mit vereinzelten Bäumen bestandene Wiesen, Äcker, Weiden, Obstgärten, Rebberge.
N: Insekten, Spinnen, Würmer, Schnecken; Nahrung wird auf Boden abgelesen oder mit Schnabel aus Erde, Dung hervorgezogen.
Lw: Tagaktiv; Paar verteidigt Revier; Einzelgänger; Abwehrspritzen der Jungvögel.
F: April–Juli, *Bd* 16 *T*, ♂ und ♀ an Brut, Aufzucht beteiligt, 5–7 grünliche Eier, 1–2 Bruten; Nesthocker, *Nd* 22–28 *T*.
B: Unbekannt; *RL* seit 1950 aus vielen Gegenden verschwunden.
S: CH

Buntspecht *Dendrocopus major* (L.)

K: 23 cm, 75–81 g; auf Bild ♂, ♀ ohne roten Genickfleck, Jungvögel mit rotem Scheitel.
V: Europa; Asien bis China. *CH:* Bis zur Waldgrenze.
L: Laub-, Misch-, Nadelwald, Parkanlagen, Gärten.
N: Im Sommer vor allem Insekten, Spinnen, Asseln, im Winter Samen von Nadel- und Laubhölzern, Beeren, Früchte, Baumsaft, Erbeuten von unter Borke lebenden Insekten nach Schnabelhakken mit klebriger, langer Zunge.
Lw: Tagaktiv; Einzelgänger, Stand-, Strichvogel.
F: April-Juli, *Bd* 11–12 *T*, ♂ und ♀ an Brut, Aufzucht beteiligt, zimmert Bruthöhle selbst, 4–6 weisse Eier; Nesthocker, *Nd* 22 *T*.
B: Häufigste Spechtart, in günstigen Gebieten bis 3 Paare auf 10 ha.
S: CH.

Wendehals *Jynx torquilla* L.

K: 18 cm, 30–40 g; Spechtart, die aber wie Singvogel wirkt.
V: Europa; N-Afrika, Asien. *CH:* Bis etwa 1000 m ü. M., Wallis, Engadin noch höher.
L: Obstgärten, Rebgelände, Parkanlagen, Alleen, Friedhöfe, Feld-, Ufergehölze, Kastanienhaine, offener Lärchenwald.
N: Vor allem Ameisen.
Lw: Tagaktiv; Einzelgänger; Zugvogel.
F: Mai–August, *Bd* 13 *T*, ♂ und ♀ an Brut, Aufzucht beteiligt, (5) 7–10 (13) weisse Eier, 1–2 Bruten; Nesthocker, *Nd* 19–24 *T*.
B: Unbekannt; *RL* Rückgang seit 1950, in vielen Gegenden verschwunden.
S: CH.

Haubenlerche *Galerida cristata* (L.)

K: 18 cm, 45 g; plumper und viel heller als Feldlerche; *Sw*-Seiten gelbbraun und nicht weiss wie bei Feldlerche.
V: Europa ohne Grossbritannien, N-Skandinavien; Afrika, Asien.
CH: Lokal, unter 700 m ü. M., Basel, Chur, Zürich.
L: Vegetationsarmes, offenes Gelände, Hafen-, Bahnanlagen, Lagerplätze, Industrieanlagen.
N: Vor allem Samen, daneben Insekten.
Lw: Tagaktiv; Paar verteidigt Revier, ausserhalb *Fz* paarweise oder in kleinen Gruppen; Bodenvogel; Standvogel.
F: Mai–August, *Bd* 12–13 *T*, 3–5 Eier; Nesthocker, *Nd* 9–11 *T*.
B: Wohl unter 5 Brutpaare; *RL* starker Rückgang seit 1930.
S: CH.

Uferschwalbe *Riparia riparia* (L.)

K: 12 cm, 14–15 g; kleinste Schwalbe; sandbraun, unten weiss mit Brustband.
V: Europa; Asien, N-Amerika.
CH: Jura, Mittelland, Voralpen bis 600 (900) m ü. M.
L: Für das Anlegen der Niströhren an Kies- und Sandwände gebunden, Kiesgruben, See-, Flussufer.
N: Insekten; spezialisierter Flugjäger.
Lw: Tagaktiv; gesellig; Zugvogel.
F: Ende April–August (September), *Bd* 12–16 *T*, ♂ und ♀ an Brut, Aufzucht beteiligt, 4–7 weisse Eier, 2 Bruten; Nesthocker, *Nd* 16–22 *T*.
B: Wohl etwa 3000 Brutpaare in 50 Kolonien; *RL* seit 1960 Rückgang auf etwa 30%.
S: CH.

Wiesenpieper *Anthus pratensis* (L.)

K: 15 cm, 17–21 g; sehr ähnlich wie Baumpieper, aber mit langer Kralle der Hinterzehe; ruft kurz «ist», Baumpieper «psih».
V: Europa ohne S-Europa; Asien.
CH: Jura, Voralpen zwischen 850 und 1100 m ü. M.
L: Hochmoore, früher im Mittelland auch in anderen Feuchtgebieten.
N: Vor allem Insekten, die am Boden abgelesen werden, daneben Schnecken, Sämereien.
Lw: Tagaktiv; Paar verteidigt Revier; ausserhalb *Fz* gesellig; Zugvogel.
B: Mai–Juli, *Bd* 13 *T,* 4–6 Eier; Nesthocker, *Nd* 12–14 *T.*
B: 50–100 Brutpaare, häufiger Durchzügler; *RL* wohl keine wesentliche Abnahme ausser im Mittelland. *CH* liegt am S-Rand des Verbreitungsgebietes.
S: CH.

Rotrückenwürger *Lanius collurio* L.

K: 17 cm, 27–38 g; auf Bild ♂; ♀ und Jungvögel oberseits braun.
V: Europa ohne Pyrenäen-Halbinsel, N-Europa; Asien. *CH:* im Jura bis 1000, in den Alpen bis 1900 m ü. M.
L: Waldrand, Heckengebiete mit Dornsträuchern.
N: Grosse Insekten (Käfer, Heuschrecken, Grillen usw.), selten kleine Wirbeltiere.

Lw: Tagaktiv (zieht nachts); Paar verteidigt Revier; Einzelgänger; spiesst Beute als Vorrat auf Dornen; Zugvogel.
F: Mai–August, *Bd* 14–16 *T*, nur ♀ brütet, ♂ und ♀ an Jungenaufzucht beteiligt, 4–7 Eier, 1 (2) Bruten; Nesthocker, *Nd* 14–15 *T*.
B: Unbekannt, häufigste Würgerart; *RL* Rückgang, genaue Angaben fehlen.
S: CH.

Rotkopfwürger *Lanius senator* L.

K: 17 cm, 35–45 g; auf Bild ♀; ♂ intensiver gefärbt; Jungvögel bräunlich, weisser Bürzel im Gegensatz zu Rotrückenwürger.
V: S- und Mitteleuropa; NW-Afrika, Kleinasien, Vorderer Orient. *CH:* Jura, Mittelland, Voralpen, *TI* bis 600 (900) m ü. M.
L: Vor allem Obstgärten.
N: Grosse Insekten, kleine Wirbeltiere; Wartenjäger wie Rotrückenwürger.

Lw: Tagaktiv (zieht nachts); Paar verteidigt Revier; Einzelgänger; Zugvogel.
F: Ende April–August, *Bd* 16 *T*, nur ♀ brütet, 4–7 Eier, 1 Brut; Nesthocker, *Nd* 19–20 *T*.
B: Etwa 50 Paare; *RL* starker Rückgang seit 1950, in vielen Gebieten verschwunden.
S: CH.

Drosselrohrsänger *Acrocephalus arundinaceus* (L.)

K: 19 cm, 26–33 g; grösster Rohrsänger, gegenüber ähnlichem, kleinerem Teichrohrsänger: stärkerer, längerer Schnabel und deutlicherer Überaugenstreif.
V: Europa ohne Grossbritannien und Skandinavien; N-Afrika, Asien, Indonesien, Australien.
CH: Mittelland, *VS, TI* bis 650 m ü. M.
L: Genügend grosse Schilfröhrichte an Seen, Altläufen, Flussufern.
N: Insekten, selten kleine Lurche.
Lw: Tagaktiv; Paar verteidigt Revier; Einzelgänger; baut kunstvolles, an Schilfhalmen aufgehängtes Napfnest; Zugvogel.
F: Mai–August, *Bd* 13–15 *T*, ♂ und ♀ brüten, 3–6 Eier, 1–2 Bruten; Nesthocker, *Nd* 12 *T*.
B: 100–150 Paare (?); *RL* starker Rückgang.
S: CH.

Schwarzkehlchen *Saxicola torquata* (L.)

K: 13 cm, 15 g; auf Bild ♂; ♀ und Jungvögel oben braun, im Gegensatz zum Braunkehlchen kein heller Augenstreif.
V: Europa ohne Skandinavien; Afrika, Madagaskar, Asien. *CH:* W-, NW-, S-CH bis 700, im *VS* 1400 m ü. M.
L: Unkultivierte Flächen, Böschungen, Randzonen mit Gebüschen und vegetationslosem Boden.
N: Insekten; Wartenjäger.
Lw: Tagaktiv; Paar verteidigt Revier; Einzelgänger; Zugvogel.
F: März–August, *Bd* 14–17 *T*, meist brütet nur ♀, 5–7 Eier, 2–3 Bruten; Nesthocker, *Nd* 14–17 *T*.
B: Weniger als 300 Paare; *RL* seit 1900 langsamer Rückgang.
S: CH.

Bartmeise *Panurus biarmicus* (L.)

K: 17 cm, 14 g; auf Bild ♂; ♀ und Jungtiere bräunlicher Kopf ohne Bartzeichnung, Schnabel bei ♀♀ dunkel.
V: Europa ohne Skandinavien; Asien. *CH:* Bis jetzt nur *NE*-See.
L: Ausgedehnte Rohrdickichte über Wasser.
N: Insekten, im Winter auch Samen von Schilf, Rohrkolben.
Lw: Tagaktiv; gesellig; klettert sehr geschickt; Standvogel, strenge Winter führen zu starkem Rückgang.
F: April–September, *Bd* 12–13 *T,* ♂ und ♀ an Brüten und Jungenaufzucht beteiligt, manchmal legen mehrere ♀♀ in gleiches Nest, 5–7 Eier, 2–3 Bruten; Nesthocker, *Nd* 9–12 *T.*
B: 1973 1. Brutversuche, 1976 18 Brutpaare in drei Kolonien; *RL* Das inselartige Vorkommen ist stark gefährdet.
S: CH.

Beutelmeise — *Remiz pendulinus* (L.)

K: 11 cm, 5-12 g; den Jungvögeln fehlt die schwarze Gesichtszeichnung.
V: S-, E-Europa; Asien. CH: Mittelland, Unter-*VS*, *TI*.
L: Weiden, Pappeln, andere Gehölze längs Flüssen, Seeufern, Weihern, meist Schilf in der Nähe.
N: Insekten, Spinnen, im Winter auch kleine Sämereien.
Lw: Tagaktiv; ♂ erstellt in Zweiggabel hängendes Beutelnest mit Eingangsröhre, singt, lockt ♀ an und beginnt dann neues Nest; Zugvogel.
F: April-Juli, *Bd* 12-15 *T*, ♀ brütet, zieht allein die Jungen auf, 5-8 weisse Eier, ♂ 3 und mehr Bruten, ♀ 1; Nesthocker, *Nd* 15-20 *T*.
B: Brütet nicht jedes Jahr in der *CH*; *RL* am Rande des Verbreitungsgebietes.
S: *CH*.

Kohlmeise *Parus major* L.

K: 21–23 cm, 15–22 g; ♂ und ♀ gleich, Jungvögel blasser.
V: Europa; NW-Afrika, Asien, Indonesien. *CH:* Im Jura bis 1300, Alpen bis 1600 (1900) m ü. M.
L: Stellt geringe Anforderungen an Lebensraum: Wälder, offene Baumbestände, einzelne Bäume, Siedlungen.
N: Insekten, Spinnen, ausserhalb Brutzeit auch Sämereien, Nüsse, Früchte; nimmt gern vom Menschen angebotenes Futter.
Lw: Tagaktiv; Brutpaar verteidigt Revier; ausserhalb Brutzeit gesellig; Stand-, Strich-, Zugvogel.
F: März–Juli (September), *Bd* 13–14 *T*, ♂ und ♀ an Brut, Aufzucht beteiligt, (4)8(15) Eier, 1–2 Bruten; Nesthocker, *Nd* 15–21 *T*.
B: In günstigen Gebieten bis 15 Paare pro 10 ha.
S: CH.

Alpenkrähe *Pyrrhocorax pyrrhocorax* (L.)

K: 76–80 cm, 293–350 g; die ähnliche Alpendohle hat einen kürzeren gelben Schnabel.
V: Felsküste Grossbritanniens und W-Frankreichs, S-Europa, Alpen; N-Afrika, Abessinien, Gebirge Vorder- und Zentralasiens.
CH: VS, Engadin.
L: Inneralpine Hochtäler von der montanen bis zur nivalen Stufe mit höhlenbergenden Felswänden oder Burgen und möglichst kurzfristig mit Schnee bedeckten Nahrungsgründen.
N: Würmer, Weichtiere, Insekten, Beeren, im Winter Abfälle.
Lw: Tagaktiv; gesellig; Standvogel.
F: April–Juni, *Bd* 21 *T*, 4–6 Eier, 1 Brut; Nesthocker *Nd* 37–40 *T*.
B: ca. 40 Paare. *RL* starker Rückgang seit 1920 vorab in *GR*.
S: CH.

Saatkrähe *Corvus frugilegus* L.

K: 90 cm, 380–500 g; Jungvögel mit voll befiedertem, schwarzem «Gesicht», leicht mit Rabenkrähen zu verwechseln, aber Schnabel schlanker; Stimme tiefer.
V: Europa ohne N- und S-Europa; Asien. *CH:* NW-*CH*.
L: Offene Gebiete mit Feldgehölzen, städtische Parks mit Grünflächen.
N: Vor allem Würmer, Schnecken, Insekten, Samen, Früchte, Abfälle.

Lw: Tagaktiv; sehr gesellig, auch während Brutzeit; Koloniebrüter, gemeinsame Schlafplätze; Stand-, Zugvogel, Wintergast.
F: März–Juni, *Bd* 18 *T*, meist ♂ und ♀ an Brut, Aufzucht beteiligt, 3–6 Eier; Nesthocker, *Nd* 5 Wochen.
B: 100–150 Paare, erstmals 1963. Hauptvorkommen in der Stadt Basel; *RL CH* liegt am S-Rand der Verbreitung.
S: Jagdbar ausser *BS*, *GE*, *GR*, *SH*.

Sumpfschildkröte *Emys orbicularis* (L.)

K: Rückenpanzer bis 20 (30) cm, bis 1 kg; Panzer verglichen mit Landschildkröten flach.
V: Europa mit Ausnahme von N-Europa und weiten Teilen Mitteleuropas; NW-Afrika, W-Asien.
CH: Früher Mittelland, *TI.*
L: Stehende, langsam fliessende Gewässer mit Wasserpflanzen und überhängendem Gebüsch.
N: Würmer, Insekten, Fische, Lurche.
Lw: Tag- und nachtaktiv; schwimmt, taucht vorzüglich; gesellig, scheu; Winterruhe im Bodenschlamm der Gewässer.
F: Pz April–Juli, ♀ legt 3–16 Eier in Bodengrube, Junge schlüpfen nach 82–98 *T, Gr* frühestens mit 6 Jahren.
B: Im letzten Jh. ausgerottet, nächste Vorkommen in Poebene, an verschiedenen Orten ausgesetzt; *RL, RL ER.*
S: CH.

Blindschleiche *Anguis fragilis* (L.)

K: Bis 50 cm; keine Schlange: verschliessbare Augenlider, abstossbarer *Sw;* ♀♀ oft mit dunklen Seiten.
V: Europa ohne S-Iberien, N-Europa; NW-Afrika, SW-Asien.
CH: Bis 2000 m ü. M.
L: Feuchte, vegetationsreiche Gebiete wie Waldränder, Wiesen, Wegböschungen, Weiden, Gärten.
N: Vorab Schnecken, Würmer, Insekten.
Lw: Dämmerungsaktiv; bei Regen und am frühen Morgen auch am Tag; lebt versteckt; Winterruhe oft mehrere gemeinsam von Oktober–März, sonst Einzelgänger.
F: Pz April–Mai, *Tz* 3 *Mo,* Eihüllen platzen während oder nach Geburt.
B: Unbekannt, nicht gefährdet.
S: CH.

Zauneidechse *Lacerta agilis* L.

K: Bis 20 cm; auf Bild vorne ♂, hinten ♀; Flanken des ♂ im Frühling leuchtend grün.
V: Mitteleuropa bis S-Skandinavien, fehlt S der Alpen; W-, Zentral-Asien. *CH:* Bis 1200, Engadin 1700 m ü. M., nur N der Alpen.
L: Wegränder, Bahndämme, Trockenmauern, Lesesteinhaufen, Gärten.
N: Würmer, Schnecken, Insekten, Spinnen.
Lw: Tagaktiv; vorwiegend bodenbewohnend; im Frühling Kämpfe zwischen den ♂♂; Winterruhe September–März.
F: Pz April–Mai, nach ca. 4 *Wo* legt ♀ 5–14 Eier in feuchte Erde, Schlüpfen der Jungen nach 5–10 *Wo*.
B: Auf Alpennordseite häufigstes Kriechtier, deutlich im Rückgang; *RL* gefährdet, regional stark abnehmend.
S: CH.

Smaragdeidechse *Lacerta viridis* (Laurenti)

K: Bis 40 cm; ♂ fein schwarz punktiert, zur Paarungszeit mit blauer Kehle; ♀ grün oder braun mit schwarzen Flecken, Kehle meist gelb.
V: S-Europa ohne S-Spanien, Portugal, Mitteleuropa bis Rhein, Donau, E-Europa; Kleinasien.
CH: W-, S-*CH*, im *VS* bis 1300 m ü. M. Früher Rhein von Basel bis Koblenz.
L: Sonnige, trockene Gebiete mit reichlicher Buschvegetation, Wegränder, Schutthalden, Trockenmauern.
N: Insekten, Würmer, Schnecken, kleine Eidechsen, Früchte.
Lw: Tagaktiv; scheu; heftige Kämpfe der ♂♂ zur *Pz;* Winterruhe von Oktober bis April.
F: Pz April–Mai, ev. wieder Juli, nach 4 *Wo* legt ♀ 5–20 Eier, Junge schlüpfen nach 2–3 *Mo.*
B: TI noch häufig; *RL* gefährdet, regional schon verschwunden, *RL ER S: CH.*

Bergeidechse — *Lacerta vivipara* Jacquin

K: 16 cm; Schilder des Halses bilden gezackten Rand; ♂ mit orangem bis dottergelbem, geflecktem Bauch, ♀ mit gelblichem oder grauem, ungefleckt; auf Bild oben ♀, unten ♂.
V: Europa ohne S-Europa; N-Asien. *CH:* Bis 3000 m ü. M.
L: Waldränder, feuchte Wiesen, Moore, Quellbäche, Geröllhalden.
N: Würmer, Nacktschnecken, Insekten, andere Gliederfüsser.
Lw: Tagaktiv; geringe Wärmeansprüche; klettert schlecht, schwimmt; Winterruhe November–Februar, März.
F: Pz April–Juni, nach 3 *Mo* 3–10 Junge, die bei Geburt oder kurz nachher Eihüllen verlassen.
B: Unbekannt, im Mittelland nur inselartig verbreitet.
S: CH.

Mauereidechse *Podarcis muralis* (Laurenti)

K: 18–20 cm; oben ♂ (schwarz gefleckt oder marmoriert), unten ♀ (dunkler Flankenstreif), Bauch weiss bis ziegelrot; *P. m. maculiventris* Bauch gefleckt; ♀ ähnlich wie Bergeidechse, aber Kopf spitzig, *Sw* lang (etwa 2× Körper), Halsband glattrandig.
V: Mittel-, S-Europa; Kleinasien.
CH: P. m. muralis: N der Alpen, VS, *P. m. maculiventris:* S-CH; bis 1400 m ü. M.

L: Steiniges, warmes, trockenes Gelände; Weinberge, Geröllhalden, Steinbrüche, Mauern.
N: Insekten, Spinnen, Würmer.
Lw: Tagaktiv; flink, klettert gut; Winterruhe Nov.–Febr.
F: Pz Febr.–Mai, ♀ legt 1–3× 2–8 Eier, Junge schlüpfen nach 4–8 *Wo.*
B: P. m. muralis: RL stark gefährdet; *P. m. maculiventris:* Häufig.
S: CH.

Ruineneidechse *Podarcis sicula* Rafinesque (= *P. campestris* De Betta)

K: 18–23 cm; auf Bild ♂; Oberseite grün mit drei, meist Längsbänder bildenden Reihen von dunklen Flecken, Unterseite weiss bis perlmutter, ungefleckt.
V: Italien, Korsika, Sardinien, Sizilien, SE-Spanien, E-adriatische Küste, Eur. Türkei. *CH:* Gegend von Chiasso.
L: Trockene Stellen mit Pflanzenwuchs, weniger auf Mauern, Steinen als Mauereidechse.
N: Insekten, Spinnen, Würmer, Früchte.
Lw: Tagaktiv; sehr wärmeliebend, wenig scheu; nicht so flink wie Mauereidechse.
F: Pz Frühjahr bis Sommer, 2–5 Ablagen von 4–8 Eiern, Schlüpfen nach 4–7 *Wo.*
B: Unbekannt; *RL* Verschwinden bei derartigem Randvorkommen leicht möglich.
S: CH.

Zornnatter — *Coluber viridiflavus* Lacépède

K: Bis 170 cm; Oberseite schwarz mit grünlichgelben Flecken; Pupillen rund; ungiftig; *C. v. carbonarius* einfarbig schwarz.
V: NE-Spanien, Frankreich, Italien, Korsika, Sardinien, Sizilien, NW-Jugoslawien. *CH: C. v. viridiflavus:* SW-, NW-*CH, TI; C. v. carbonarius:* Puschlav; bis 1400 m ü. M.
L: Trockene, buschbestandene Orte, Steinhaufen, Gemäuer.
N: Kleinsäuger, Eidechsen, Schlangen, gelegentlich Vögel, Insekten.
Lw: Tagaktiv; bodenbewohnend, sehr schnell, bissig; Winterruhe Oktober–März.
F: Pz April, Mai, ♀ legt im Juni 8–15 Eier, Schlüpfen nach 6–8 *Wo.*
B: RL gefährdet, regional stark abnehmend.
S: CH.

Schlingnatter *Coronella austriaca* Laurenti

K: Meist unter 60 cm, selten bis 70 cm; Oberseite braun bis grau, 2–4 dunkle Fleckenreihen, von Nasenloch bis Mundwinkel dunkler Längsstreifen, Bauch dunkel; Pupille rund; ungiftig.
V: Europa von NE-Spanien bis 63° im N; Westasien, Anatolien.
CH: Bis 2000 m ü. M.
L: Trockenes, sonniges, buschbestandenes Gelände, meist steiniger Untergrund, Versteck in Steinhaufen, Mauern.
N: Eidechsen, Schlangen, Mäuse.
Lw: Tagaktiv; klettert gut, wenig flink, bissig; Winterruhe September/Oktober–April.
F: Pz April–Mai, ♀ wirft August–September 3–15 Junge, die vor oder nach Geburt Eihülle verlassen.
B: RL gefährdet, regional, vor allem im Mittelland stark abnehmend; RL ER.
S: CH.

Äskulapnatter *Elaphe longissima* (Laurenti)

K: 180, im S bis 200 cm; Oberseite gelbbraun, glänzend, gegen Hinterende dunkler, Oberlippe und Unterseite einfarbig gelblichweiss; Jungtiere mit Fleckenzeichnung und gelbem Fleck hinter Kopf ähnlich wie Ringelnatter; Pupille rund; ungiftig.
V: NE-Spanien, Frankreich, Italien, E-Europa, Balkan; Kleinasien, N-Iran. *CH:* NW-, SW- *(GE, VD, VS)*, S-*CH;* bis 1200 m ü. M.
L: Lichte Laubwälder, buschbestandene, sonnige Wiesen, Geröllhalden.
N: Mäuse, Eidechsen, seltener Vögel, Eier.
Lw: Tagaktiv; klettert geschickt; Winterruhe Sept.–April.
F: Pz Juni, 5–8 Eier, Schlüpfen nach rund 6 *Wo.*
B: RL gefährdet, in NW-*CH* bereits verschwunden, SW-*CH* Rückgang; *RL ER.*
S: CH.

Vipernatter *Natrix maura* (L.)

K: 80–100 cm; grau bis braun mit dunkler Fleckenzeichnung, oft Zickzack-Band wie Kreuzotter, auf Flanken dunkle Flecken mit hellem Kern; Pupille rund; ungiftig.
V: Iberien, Frankreich, NW-Italien, Sardinien; NW-Afrika.
CH: SW-CH bis 1200 m ü. M.
L: In der Nähe von mit üppiger Vegetation bedeckten Gewässern.
N: Fische, Lurche, Würmer.
Lw: Tagaktiv; lebt im und am Wasser, schwimmt, taucht; Winterruhe Oktober–März.
F: Pz April–Mai, Juni, Juli 4–20 Eier, Schlüpfen September.
B:RL stark gefährdet, im VS wohl verschwunden, im GE-Seegebiet in starkem Rückgang.
S: CH.

Ringelnatter *Natrix natrix* (L.)

K: ♂ bis 100 cm, ♀ bis 150 cm; Kopf deutlich abgesetzt; am Hinterkopf meist gelber und anschliessend schwarzer Fleck, Oberseite grau bis olivgrün, meist mit kleinen schwarzen Flecken; Pupille rund; ungiftig.
V: Europa ohne Irland, Schottland, N-Skandinavien; NW-Afrika, Asien. *CH: N. n. natrix* NE-CH, *N. n. helvetica:* Übrige *CH;* bis 1500 (1800) m ü. M.
L: Bewachsene Ufer stehender und langsam fliessender Gewässer, Kiesgruben, Steinbrüche.
N: Lurche, Fische.
Lw: Tagaktiv; schwimmt und taucht gut; entleert bei Gefahr stinkende Flüssigkeit; Winterruhe Oktober–März.
F: Pz März–Mai, im Juni, Juli 10–25 Eier, Schlüpfen nach 6–8 *Wo.*
B: RL gefährdet, regional stark abnehmend.
S: CH.

Würfelnatter *Natrix tesselata* (Laurenti)

K: Meist unter 70 cm, bis 100 cm; Oberseite hell- bis olivgrau, dunkle Flecken, Unterseite weiss und schwarz gewürfelt, beige Zunge, Kopf schmal, spitzig; Pupille rund; ungiftig.
V: Wärmere Regionen von Mitteleuropa, Italien, SE-Europa, Balkan, Kleinasien, Zentralasien. *CH:* S-*CH*
L: Gewässer, besonders mit Buschwerk bestandene Ufer.
N: Fische, weniger Lurche.
Lw: Tagaktiv; am stärksten von unseren Schlangen an Wasser gebunden; taucht, schwimmt; Winterruhe September–April.
F: Pz April–Juni, ♀ legt Juni–Juli 5–25 Eier, Schlüpfen nach 8–10 *Wo.*
B: Alpnachersee, *GE*-See ausgesetzte Populationen, die sich halten; *RL* gefährdet, regional stark abnehmend.
S: CH.

Aspisviper *Vipera aspis* (L.)

K: 60–85 cm, ♂ grösser; Oberseite grau bis rotbraun, schwarze Zeichnung (Querbänder, Flekken), die Zickzack-Band bilden kann, *Sw*-Spitze unterseits schwefelgelb; Schnauzenspitze aufgeworfen; senkrechte Spaltpupille; giftig.
V: W-, Mittel-Europa, Italien.
CH: Jura: Juraviper *V. a. aspis;* Alpen, S-*CH* ausser S-*TI* bis 2500 m ü. M.: Alpenviper *V. a. atra; TI* S des Monte Ceneri: Rediviper *V. a. francisciredi.*
L: Sonnige, trockene Geröllhalden, Steinbrüche, Alpweiden.
N: Vorwiegend Mäuse.
Lw: Tag- und nachtaktiv; wärmeliebend; Winterruhe Oktober–März.
F: Pz April–Mai, nach 4 *Wo* 4–18 Junge.
B: Juraviper *RL* gefährdet, *RL ER.*
S: CH.

Kreuzotter *Vipera berus* (L.)

K: ♂ bis 70 cm, ♀ bis 80 cm; Oberseite beim ♂ grau bis graubraun mit schwarzem Zickzackband; ♀ braun bis gelbbraun mit dunkelbrauner Zeichnung; Schwärzlinge kommen vor; senkrechte Spaltpupille; giftig.
V: Europa ohne S-Europa; Asien.
CH: Bis gegen 3000 m ü. M.
L: Sonnige Waldränder, Waldlichtungen, feuchte Wiesen, Moore, Alpweiden, Heiden.
N: Vor allem Mäuse.
Lw: Tag- und nachtaktiv; beisst Menschen nur, wenn er sie berührt; Winterruhe oft gesellig, November–März.
F: Pz März–Mai, nach 4–6 *Mo* 4–18 Junge, im Hochgebirge nur alle 2–3 Jahre.
B: RL gefährdet, im Mittelland schon ganz, im Jura weitgehend verschwunden; *RL ER*.
S: CH.

Alpensalamander *Salamandra atra* Laurenti

K: 14–16 cm; einfarbig schwarz, halbmondförmige Ohrdrüsen.
V: Französischer Jura, Alpen, Hochland von W-Jugoslawien bis Albanien. *CH:* Alpen, Voralpen 575–2400 m ü. M.
L: Feuchte Wälder, Alpweiden, Schutthalden, Schluchten.
N: Würmer, Nacktschnecken, Gliederfüsser.
Lw: Dämmerungs- und nachtaktiv, bei Regen auch tagsüber; bleibt bei Kälte, Wind, Nebel und Trockenheit in Versteck; von offenen Wasserstellen unabhängig; Winterruhe September–April.
F: Pz Mitte Mai bis Ende Juni, Entwicklung der Jungen im Mutterleib, (1)–2 Junge, *Tz* (1)2–3 Jahre je nach Höhenlage.
B: Unbekannt, regional grosse Unterschiede, nicht gefährdet.
S: CH.

Feuersalamander   *Salamandra salamandra* (L.)

K: Meist unter 20 cm (30 cm); schwarz mit gelben Flecken oder Bändern, grosse individuelle Unterschiede; gebänderter Feuersalamander *S. s. terrestris* eher Bänderung als beim gefleckten Feuers. *S. s. salamandra*.
V: W-, Mittel-, S-Europa; NW-Afrika, SW-Asien. CH: *S. s. terrestris*. Jura, Mittelland, Voralpen bis 900 m ü. M.; *S. s. salamandra:* S-CH.
L: Feuchter Waldboden, für Fortpflanzung sauerstoffreiche Bächlein, Quellen.
N: Würmer, Nacktschnecken, Gliederfüsser.
Lw: Nachtaktiv; standorttreu; Winterruhe Okt.–März, gesellig.
F: Pz Sommer, Eientwicklung im Mutterleib, ♀ setzt im folgenden Frühling 10–50 Larven ab, Larvenzeit $2\frac{1}{2}$ *Mo*–1 Jahr.
B: Unbekannt, nur regional gefährdet; *RL.*
S: CH.

Bergmolch

Triturus alpestris
(Laurenti)

K: ♂ bis 8 cm, ♀ bis 11 cm; auf Bild ♂; ♀ Oberseite dunkel, braun, Flanken zahlreiche Tupfen; Bauch gelb bis rot, ungefleckt.
V: Mitteleuropa von Frankreich bis Griechenland, NW-Spanien.
CH: Bis 2200 (2400) m ü. M., fehlt im S-*TI*.
L: Alle Gewässertypen, optimale Wassertiefe 50–100 cm.
N: Würmer, Gliederfüsser, Laich und Larven von Lurchen.
Lw: Auf Land nachtaktiv; Wasserleben im Flachland März–Juni, im Gebirge Juni–August; Winterruhe Oktober–März im Wasser oder auf Land.
F: Pz während Wasserleben, ♀ legt einzeln bis 400 Eier an Wasserpflanzen ab, nach 14 *T* schlüpfen Larven, Larvenzeit 6–12 *Mo*.
B: Unbekannt, nicht gefährdet, regionaler Rückgang.
S: CH.

Kammolch   *Triturus cristatus* (Laurenti)

K: ♂ bis 14, ♀ bis 18 cm; auf Bild ♂ in Wassertracht, Landtracht ohne Kamm; *T. c. carnifex* mit schwach gezacktem Kamm; ♀ schwarzbraun ohne Kamm; Bauch gelb-orangerot, mit dunklen Flecken, Kehle dunkel.
V: Europa ohne Irland, Iberische Halbinsel, S-Frankreich, N-Skandinavien; Kaukasus, Zentralasien, CH: *T. c. cristatus:* Jura, Mittelland, Voralpen bis 700 (1100) m ü. M.; *T. c. carnifex:* S-CH.

L: Altwasser, Weiher, Teiche, Kiesgrubentümpel, teilweise mit Wasserpflanzen durchwachsen, 50–150 cm tief, besonnt.
N: Würmer, Gliederfüsser, Laich, Larven von Lurchen.
Lw: März–Juli im Wasser.
F: Pz März–Juli, 30–50 Eier, Larven schlüpfen nach 2–3 *Wo*, Larvenzeit rund 3 *Mo.*
B: *RL* stark gefährdet; *RL ER.*
S: *CH.*

Fadenmolch

Triturus helveticus (Razoumowsky)

K: ♂ bis 5,5, ♀ bis 9 cm; auf Bild ♂ in Wassertracht, mit *Sw*-Faden; Oberseite braun-olive, Bauchmitte blassorange, sehr ähnlich Teichmolch, aber Kehle ungefleckt.
V: Grossbritannien, W-Europa bis *CH*, N-Spanien. *CH:* N der Alpen bis 1200 (1400) m ü. M.
L: Mindestens 100 m² grosse, bewachsene Gewässer, Altwasser, Lehmgruben; optimale Wassertiefe 30–80 cm.
N: Würmer, Wasserflöhe, Wasserinsekten, Schnecken.
Lw: Wasserleben April–Juni; Winterruhe Oktober–März auf Land.
F: Pz April–Juni, 30–50 Eier, Larvenzeit rund 3 *Mo.*
B: RL gefährdet, vor allem in E-*CH* in raschem Rückgang.
S: CH.

Teichmolch *Triturus vulgaris* (L.)

K: 6–11 cm; auf Bild ♂ in Wassertracht; *T. v. vulgaris:* Rückenkamm mit Einbuchtungen, keine Seitenkante, *T. v. meridionalis:* Rückenkamm niedrig, ganzrandig, deutliche Seitenkante; ♀, ♂ Landtracht gelbbraun, oliv oder braun, ähnlich wie Fadenmolch, Bauchmitte orange mit dunklen Tupfen, Kehle gefleckt.
V: Europa ohne Iberien, S-Frankreich, S-Italien, N-Skandinavien.
CH: T. v. vulgaris: N der Alpen bis 500 (1000) m ü. M., *T. v. meridionalis:* S der Alpen.
L: Gut bewachsene Tümpel, Altwasser; optimale Wassertiefe 30–80 cm.
N: Gliederfüsser, Würmer, Laich, Larven von Lurchen.
Lw: Wasserleben April–Juni.
F: Wie andere Molcharten.
B: RL stark gefährdet, kritische Bestandesgrösse bald erreicht.
S: CH.

Geburtshelferkröte *Alytes obstetricans* (Laurenti)

K: 4–5 cm; Rücken grau bis graubraun, seitlich je eine Längsreihe feiner Warzen; Pupille senkrecht; Ruf heller Ton («Glockenfrosch»).
V: Iberien, Westeuropa bis W-Deutschland und bis zu den Alpen. *CH:* Bis 1300 m ü. M., fehlt *VS, GR,* Alpensüdseite.
L: Steinbrüche, Lehm-, Kiesgruben, Mauerwerk; S-, SW-, SE-Exposition; als Laichgewässer Weiher, Teiche, Feuerweiher, wenig oder kein Pflanzenwuchs, optimale Wassertiefe 1–2 m.
N: Würmer, Insekten.
Lw: Nachtaktiv.
F: Pz April–August, Paarung auf Land, ♂ trägt Laichschnur mit 50–80 Eiern während 2–3 *Wo,* dann sucht ♂ Wasser auf, Larven schlüpfen im Wasser, Larvenzeit 2 *Mo* – nächsten Frühling.
B: RL gefährdet, regional stark abnehmend; *RL ER.*
S: CH.

Gelbbauchunke *Bombina variegata* (L.)

K: Bis 5 cm; Rücken sandgrau, dicht mit kleinen Warzen bedeckt, Unterseite graublau bis blauschwarz mit gelben Flecken; Pupille herzförmig; ♂ ohne Schallblase: Ruf dumpfes «uh-uh».
V: W-, Mittel-, Südeuropa ohne Iberien, S-Griechenland. *CH:* Bis 900 m ü. M., Alpen bis 1600 m.
L: Kies-, Lehmgruben, kleine Pfützen, optimale Wassertiefe unter 50 cm, mit und ohne Pflanzenbewuchs.
N: Würmer, Gliederfüsser.
Lw: Nacht- und tagaktiv; lebt vor allem im Wasser; Winterruhe Oktober–März.
F: Pz mehrmals zwischen April–Mai, Eiablage einzeln oder in kleinen Klumpen ins Wasser, Larvenzeit bis im Herbst.
B: Unbekannt, *RL.*
S: CH.

Knoblauchkröte *Pelobates fuscus* (Laurenti)

K: 5–8 cm; Rücken braun-grau-gelblich mit oliv- bis dunkelbraunen Flecken, gelegentlich rot getüpfelt; hornige Grabschaufel an Hinterfuss; Pupille im Gegensatz zu den echten Kröten senkrecht.
V: W-, Mittel-, E-Europa bis Ural, Aralsee. CH: *P. f. fuscus:* Früher bei Basel; *P. f. insubricus:* Früher S-*TI*.
L: Sandiger Boden, Spargel-, Gemüsefelder; *Pz* Tümpel, Gräben.
N: Würmer, Gliederfüsser, Käfer.
Lw: Nachtaktiv; gräbt sich mit «Schaufel» rasch in Boden ein; Winterruhe Okt.–März.
F: Pz April–Mai, dicke, kurze Laichschnur mit einigen tausend Eiern ins Wasser abgelegt, Larven wachsen sehr rasch, werden bis 17 cm lang, Larvenzeit bis Juli.
B: RL ausgestorben.
S: CH.

Erdkröte *Bufo bufo* (L.)

K: ♂ bis 8 cm; ♀ bis 13 cm; Oberseite braun bis oliv, dicht mit Warzen bedeckt; Iris gold- bis kupferrot, Pupille waagrecht; ♂ ohne Schallblase; Ruf bellendes «oä-oä», «kra-kra».

V: Europa ohne Irland, Norden; NW-Afrika, Asien bis Japan. *CH: B. b. bufo:* N der Alpen bis 2200 m ü. M., *B. b. spinosus:* S-CH.

L: Wälder, Gärten, Wiesen, Felder, Alpweiden; laicht in fast alle Gewässertypen, Wassertiefe 50–200 cm.

N: Würmer, Schnecken, Gliederfüsser.

Lw: Nachtaktiv; ausserhalb *Pz* weit weg vom Wasser; Winterruhe Okt.–März.

F: Pz März-April, ♀ legt 3–5 m lange Laichschnüre, bis 7000 Eier in 2–4 Reihen, Schlüpfen nach 12–18 *T*, Larvenzeit 3–4 *Mo; Gr* mit 3–5 Jahren.

B: Unbekannt; nicht gefährdet.
S: CH.

Kreuzkröte *Bufo calamita* Laurenti

K: Bis 8 cm; Oberseite olivgrün bis hellbraun mit schmaler gelber Rückenlinie; Iris grün, Pupille waagrecht; ♂ mit grosser Schallblase; Rufe sehr laut «ärr-ärr».
V: Iberische Halbinsel, Frankreich, England, Mitteleuropa bis Alpen und S-Schweden, im E bis W-Russland. *CH:* N der Alpen bis 900 m ü. M., scheint in E-*CH* zu fehlen.
L: An Moränenmaterial und Flussablagerungen gebunden; Kies-, Lehmgruben, Steinbrüche; Laichgewässer meist kleiner als 100 m², unbewachsen.
N: Würmer, Schnecken, Insekten.
Lw: Nachtaktiv; hüpft nicht; gräbt gut; Winterruhe Okt.-März.
F: Pz April–Juni, kurze 1–2reihige Laichschnüre, Larvenzeit 6–8 *Wo.*
B: RL gefährdet, starker Rückgang oder Verschwinden (z. B. *VS*) aus mehreren Regionen.
S: CH.

Wechselkröte *Bufo viridis* Laurenti

K: Bis 9 cm; Oberseite hell mit deutlich abgesetzten, oft schwarzgerandeten grünen Flecken; Iris grünlich, schwarz gesprenkelt, Pupille waagrecht; ♂ mit Schallblase; Ruf ähnlich Maulwurfsgrille.
V: E-Europa bis W-Deutschland, S-Schweden, Italien; N-Afrika, W-, Zentralasien. *CH:* Früher Gegend von Basel, *TI*, Puschlav.
L: Trockene, sandige Gebiete, oft in Nähe menschlicher Siedlungen.
N: Würmer, Nacktschnecken, Gliederfüsser.
Lw: Tag- und nachtaktiv; Winterruhe von September bis März.
F: Pz April–Juni, bis 4 m lange Laichschnüre mit bis 12 000 Eiern in 2–4 Reihen, Larven schlüpfen nach 4–5 *T*, Larvenzeit 2–3 *Mo.*
B: RL ausgestorben; *RL ER.*
S: CH.

Laubfrosch — *Hyla arborea* (L.)

K: Bis 5 cm; laubgrün, braun, blau, wechselt Farbe, von Auge bis Weichengegend schwarzer Streif; Haftscheiben an Fingern, Zehen; ♂ mit grosser Schallblase; Ruf grelles, schnelles «äpp-äpp-äpp».
V: Europa ohne N, Iberien, S-Frankreich; bis zum Ural, Kaukasus. *CH:* Bis 600 (1000) m ü. M.
L: Auenwälder, Verlandungsflächen mit Büschen, bewachsene Lehmgruben, grössere, nicht zu stark bewachsene Wasserflächen, optimale Wassertiefe 50–100 cm.
N: Fliegende Insekten.
Lw: Dämmerungs-, nachtaktiv; auf Bäumen, Sträuchern, klettert gut; Winterruhe Okt.–März.
F: Pz April–Juni, Laich in kleinen Klumpen (150–300 Eier), Schlüpfen nach 3–4 *T,* Larvenzeit etwa 2 *Mo.*
B: RL gefährdet, regional stark abnehmend; *RL ER.*
S: CH.

Moorfrosch *Rana arvalis* Nilsson

K: 5–7 cm; braun ähnlich Grasfrosch, aber Bauchmitte weiss, ungefleckt; Fersenhöcker gross, hart; Trommelfell kleiner als Auge; Ferse reicht nicht bis Schnauze, Schnauze spitz; ♂ während Paarungszeit blau; Ruf glucksendes «wueg-wueg-wueg».
V: NE-Frankreich durch Mittel- und E-Europa, im N bis Schweden, Finnland, im S bis Alpen; Asien. *CH:* Früher Gegend von Basel, Schaffhausen, Ajoie(?).

L: Moore, sumpfige Wiesen, Fischteiche mit breiter Verlandungszone.
N: Würmer, Schnecken, Insekten.
Lw: Nachtaktiv; scheu; lebt in Nähe der Laichgewässer; Winterruhe Okt.–März.
F: Ende März-Mitte April, Laichballen mit 1000–2000 Eiern; *Gr* 3–4 Jahre.
B: RL ausgestorben; im Sundgau häufig, Bodenseegebiet.
S: CH.

Springfrosch *Rana dalmatina* Bonaparte

K: ♂ bis 6 cm; ♀ bis 8 cm; ähnlich Grasfrosch; Oberseite lehmgelb, hellbraun, rötlich, Unterseite gelblichweiss, meist ungefleckt; Trommelfell augengross, weniger als 2 mm von Auge entfernt; Hinterbeine lang, Fersengelenk reicht deutlich über Schnauzenspitze; ♂ ohne Schallblase; Ruf rasches «kokoko».
V: Europa ohne Iberien, Grossbritannien, Skandinavien; Kleinasien, Kaukasus, NW-Iran. *CH:* SW-*CH* bis Murtensee, *TI*, bis 600 (800) m ü. M.
L: Lichte Laubwälder, zum Laichen Waldtümpel.
Lw: Nachtaktiv; springt bis 2 m weit; Winterruhe Okt.-anfangs März im Wasser.
F: Pz März–April, Laichballen mit 600–1200 Eiern; *Gr* 3-4 Jahre.
B: RL gefährdet, im Rückgang begriffen, grösste Populationen im *TI*.
S: CH.

Wasserfrosch *Rana esculenta* L.

K: ♂ bis 8 cm, ♀ bis 11 cm; «Wasserfrosch» ist Mischling zwischen Tümpel- und Seefrosch; Tümpel- und Wasserfrosch sehr ähnlich; Stimme des Wasserfroschs etwas härter.
V: Von N-Italien, Frankreich, ganz Mitteleuropa, bis S-Skandinavien, N-Balkan, W-Russland.
CH: Bis 700 (1000) m ü. M.
L: Altwasser, Seeufer, kleine Seen, Mindestgrösse 100 m², Pflanzenwuchs, optimale Wassertiefe über 1 m.
N: Insekten, Würmer, kleine Frösche.
Lw: Tagaktiv; lebt in und am Wasser, sonnt sich gern; Winterruhe im Wasser Okt.–April.
F: Pz Mai–Juni, nur Kreuzung mit Tümpel- oder Seefrosch gibt lebensfähige Junge.
B: RL gefährdet, starker Rückgang; RL ER.
S: CH.

Italienischer Frosch *Rana latastei* Boulenger

K: Bis 7,5 cm; ähnlich Springfrosch; Trommelfell kleiner als Auge, mehr als 2 mm vom Auge entfernt; Kehle dunkel; ♂ ohne Schallblase; Ruf leise, rasch «keck... keck... keck».
V: N-Italien bis Apennin, NW-Jugoslawien. *CH:* Früher S-*TI*.
L: Sonnige Laubwälder, an Bächen.
Lw: Wie Springfrosch.
F: Pz März.
B: RL ausgestorben offenbar früher im S-*TI* recht häufig; *RL ER* gefährdet.
S: CH.

Tümpelfrosch *Rana lessonae* Camerano

K: Bis 9 cm; ähnlich wie Wasserfrosch und Seefrosch; Fersenhöcker hart, gross, bis 2/3 der 1. Hinterzehe; Schallblase meist weiss; Unterseite der Oberschenkel gelb oder orange und braun oder schwarz marmoriert; Ruf weiches «koax-gegegegeg».
V: Wie Wasserfrosch. CH: Bis 700, im Jura bis über 1000 m ü. M.
L: Wie Wasserfrosch.
N: Insekten, Würmer, kleine Lurche.
Lw: Wie Wasserfrosch.
F: Pz Mai–Juni, Laichballen mit 500–1500 Eiern, Larven schlüpfen nach 5–8 T, Larvenzeit 3–4 Mo, Gr im 3.–4. Jahr.
B: RL gefährdet, rascher Rückgang; RL ER.
S: CH.

Seefrosch *Rana ridibunda* Pallas

K: ♂ bis 12 cm, ♀ bis 17 cm, bis 300 g; ähnlich Tümpel- und Wasserfrosch; Fersenhöcker klein, weich, $1/4$ bis $2/5$ der 1. Hinterzehe; Innenseite der Oberschenkel weiss, hellgrau oder oliv und dunkel marmoriert; Schallblase grau; Ruf hartes meckerndes «koak-koak, kekekekek».
V: Iberien, SW-Frankreich, E-Mitteleuropa, E-Europa, Balkan; N-Afrika, W-Asien. *CH:* Ursprünglich nicht vorkommend.
L: Bewachsene Weiher, Teiche, Seeufer.
N: Insekten, Lurche, Mäuse, Fische.
Lw: Tag-, nachtaktiv; lebt im und am Wasser; gesellig; Winterruhe im Wasser Oktober-März.
F: Pz April-Mai, mehrere Laichballen mit mehreren 1000 Eiern.
B: In SW-*CH* ausgesetzt, breitet sich aus, nicht gefährdet.
S: CH.

Grasfrosch — *Rana temporaria* L.

K: Bis 10 cm; ähnlich wie andere Braunfrösche, vor allem Moorfrosch; Fersenhöcker klein, weich; Trommelfell klein, Schnauze stumpf; Ferse reicht bis Schnauzenspitze; ♂ 2 innere Schallblasen; Ruf dumpfes Knurren.
V: Europa ohne Iberische Halbinsel, S-Frankreich, Mittel- und S-Italien, Balkan; Asien bis Japan. *CH:* Bis 2500 m ü. M.
L: Wälder, Wiesen, Weiden, stellt keine Ansprüche an Laichgewässer.
N: Würmer, Schnecken, Gliederfüsser.
Lw: Nachtaktiv; weite Laichwanderungen; Winterruhe im Wasser oder auf Land Nov.–Febr.
F: Pz Ende Febr.–März, Eiballen mit bis 4000 Eiern, Schlüpfen nach 3–4 *Wo,* Larvenzeit 2–3 *Mo; Gr* nach 3–5 Jahren.
B: Unbekannt, häufigste Lurchenart.
S: CH.

Forelle *Salmo trutta* L.

K: Bachforelle (Bf) bis 50 cm; rote Flecken weisslich umrandet, Fettflosse oft mit roter Spitze; Seeforelle (Sf) bis 100 cm, 10 kg; Jungforellen mit 6–9 dunklen Seitenstreifen; ♂ zur *Pz* mit Haken an Unterkiefer.
V: Europa. *CH:* Bf bis 2600 m ü. M., Sf grössere Seen.
L: Bf sauerstoffreiche, kühle, nährstoffarme Fliessgewässer, Seen; Sf sauerstoffreiche, unverschmutzte Seen.
N: Bf Insektenlarven, Fluginsekten, Kaulquappen, Fische; Sf Fische.
Lw: Bf standorttreu, verteidigt Revier; Sf in Seetiefe bis 40 m; Laichwanderung flussaufwärts.
F: Pz Dez.–März, ♀ baut Laichgrube, bis 10000 Eier, Entwicklungszeit 410 Tagesgrade; *Gr* ca. 3 Jahre, Bf mit 20 cm.
B: Unbekannt, Rückgang.
S: Fischbar mit Schonzeit.

Felchen *Coregonus* spec.

K: 16–60 cm je nach Art; mit Fettflosse, silberglänzend, tief eingeschnittene *Sw*-Flosse; mehrere schwer bestimmbare Arten.
V: N-, Mitteleuropa, N-Asien, N-Amerika. *CH:* Grosse, tiefe Seen.
L: Offenes Wasser von klaren, sauerstoffreichen Seen.
N: Plankton, Asseln, Schnecken, Muscheln.
Lw: Schwarmfisch des offenen, tiefen Wassers.
F: Pz je nach Art verschieden, meist bei Temperaturen unter 7°, je nach Art an Ufer, Halde oder Seetiefe, bis 50000 Eier, Schlüpfen je nach Temperatur nach 2–4 *Mo.*
B: Rückgang, aus einzelnen verschmutzten Seen verschwunden.
S: Fischbar mit Schonzeit.

Rhone-Streber *Aspro asper* (L.)

K: 15–20 cm; Rückenflossen 1 und 2 weit voneinander getrennt, Hinterkörper meist mit drei dunklen Querstreifen.
V: Rhone. CH: Doubs.
L: Klare, sauerstoffreiche Fliessgewässer mit seichten kiesigen oder sandigen Uferstellen.
N: Insektenlarven, Krebschen, Würmer, Laich.
Lw: Nachtaktiv; Grundfisch; «Hochzeitskleid» mit smaragdgrünem Bronzeglanz.
F: Pz März–April, Eier relativ gross mit Durchmesser von 2 mm.
B: Unbekannt; Relikt aus geologischer Zeit, als oberes Rhonegebiet mit Donauflußsystem in Verbindung stand.
S: Fischbar.

«Rote Waldameise» «*Formica rufa*»
L. Gruppe

K: 4–11 mm; Körper rötlich und schwarz; die Gruppe umfasst 7 Arten: *F. rufa* L., *F. polyctena* Foerst, *F. lugubris* Zett., *F. aquilonia* Yarrow., *F. pratensis* Retz., *F. truncorum* F., *F. uralensis* Ruszky; bauen «Ameisenhaufen».
Ss: Insekten, *O* Hautflügler *Hymenoptera, UO Apocrita.*
L: Wald, Waldränder.
N: Insekten, andere kleine Tiere, süsse Säfte, Ausscheidung von Blattläusen.

Lw: Staatenbildend, Wohnhaufen aus Nadeln, Zweigchen, Halmen mit vielen Gängen und Kammern bis unter Erde; eine bis mehrere, langlebende ♀♀ (Königinnen), bis 1 000 000 Arbeiterinnen (verkümmerte ♀♀); Winterruhe.
F: «Hochzeitsflug» der Jungköniginn, ♂♂ sterben bald, ♀ verliert Flügel; vollkommene Verwandlung: Eier, Larven, Puppen.
S: CH.

Edelkrebs *Astacus astacus* L.

K: ♀ bis 12 cm, ♂ bis 16 cm; grüngrau-rötlichbraun, Beine rötlich; 1. Beinpaar mit grossen Scheren, Schwanzfächer; neben Edelkrebs in *CH* noch Dohlenkrebs *Austropotamobius pallipes* (bis 10 cm), Steinkrebs *Austropotamobius torrentium* (bis 8 cm).
Ss: St Gliederfüsser *Arthropoda*, *Kl* Krebse *Crustacea*, *O* Zehnfüssige K., *Decapoda*.
L: Uferzone sauerstoffreicher Gewässer.
N: Würmer, Wasserinsekten, Weichtiere, Wirbeltiere, Pflanzen.
Lw: Nachtaktiv; tagsüber in Höhlen; periodische Häutung.
F: Pz Okt.–Nov., ♀ trägt Eier unter eingerolltem *Sw*-Fächer, Larven schlüpfen im Mai, ab 2. Häutung gleichen sie Alttieren; *Gr* nach etwa 4 Jahren.
B: Starker Rückgang.
S: Fischbar ausser *BL, GE, GL, GR, SH, SZ, TG, VD*.

Weinbergschnecke *Helix pomatia* L.

K: Schale 38–45 mm; grösste einheimische Gehäuseschnecke; an manchen Orten ähnliche *Helix aspersa* aus S- oder W-Europa eingeschleppt (mit 5 dunklen Bändern, gelben Striemen).
Ss: St Weichtiere *Mollusca, Kl* Schnecken *Gastropoda, O* Landlungenschnecken *Stylommatophora.*
L: Gebüsch, Hecken, lichte Wälder, Mauern, kalkhaltiger Grund bevorzugt.
N: Kräuter.
Lw: Dämmerungs- und feuchtigkeitsaktiv; bei grosser Trockenheit Sommerruhe, Winterruhe Okt.–April, Verschluss mit Kalkdeckel.
F: Pz Mai–August, «Liebespfeil», gegenseitige Begattung (Zwitter), 40–60 Eier in Erdgrube; *Gr* im 3.–4. Jahr.
B: Unbekannt, vielerorts Rückgang.
S: BL, BS, BE, FR, GL, JU, NE, OW, SG, SH, SZ, SO, TI, TG, VD, VS, ZG, ZH.

Wald

Ohne Menschen wäre unser Land zu einem grossen Teil von Wald bedeckt. Der Wald ist somit der wichtigste ursprüngliche Lebensraum. Durch Roden und Waldweide hat der Mensch den Wald zurückgedrängt. Seit 1876 wird die Waldfläche gesetzlich geschützt. Sie nimmt heute 27% der Landesfläche (11 179 km^2) ein. Je nach Höhenlage, Boden, Feuchtigkeit usw. stocken verschiedene Waldtypen. Nach den Hauptbaumarten sprechen die Fachleute von Eichen-Hagebuchenwald (Hügelstufe), von verschiedenen Buchen- und Buchen-Weisstannenwäldern (montane, untere subalpine Stufe), vom subalpinen Fichtenwald, vom Arven-Lärchenwald (zentrale Alpentäler). Auf Spezialstandorten wachsen Föhren- und Bergföhrenwälder, Lindenmischwald, Bacheschenwald, Ahorn-Eschenwald, Schwarzerlenwald usw.

Eigentliche Urwälder, die der Mensch in keiner Form beeinflusst hat, bestehen seit langer Zeit keine mehr in der Schweiz. Dagegen gibt es viele naturnahe Wälder, welche in ihrer Artenzusammensetzung den Standortgegebenheiten entsprechen.

In den tiefern Lagen verändert der Mensch die natürliche Zusammensetzung durch Pflanzen von wirtschaftlich interessanten Arten wie Fichte, Douglasie, Lärche usw. Im Extremfall entstehen so gleichartige und gleichaltrige naturferne Bestände.

Der Wald hat für die einzelnen Tierarten sehr verschiedene Bedeutung. Einzelne (z. B. Graureiher) brauchen Bäume nur als Horstplatz und suchen die Nahrung in andern Lebensräumen, andere sind nicht nur an den Wald, sondern sogar an eine bestimmte Baumart gebunden wie der Hirschkäfer an die Eiche.

Die Vielfalt und damit auch das Nahrungsangebot verschiedener Waldtypen spiegeln Zahlen über die vorhandenen Brutvogelarten und Brutpaare wieder. Jeweils auf 10 ha: Eichen-Hagebuchenwald 55 Arten, 138 Paare; Tannen-Buchenwald 35 Arten, 139 Paare; subalpiner Fichtenwald 20 Arten, 72 Paare; Lärchen-Arvenwald 16 Arten, 81 Paare.

In einem Liter Waldboden leben 1 Milliarde Einzeller (Amöben, Geissel- und Wimpertierchen), 30 000 Fadenwürmer, 2000 Milben, 1000 Springschwänze, 600 andere Gliederfüsser (Spinnen, Asseln, Käfer, Wanzen, Fliegenlarven usw.), 50 Borstenwürmer (Regenwürmer und Humuswürmchen).

Feuerwanze *Pyrrhocoris apterus* (L.)

K: 9–11 mm; rot-schwarz gefärbt; Imago in der Regel kurzflügelig oder flügellos; Rüssel.
Ss: Kl Insekten *Hexapoda, O* Wanzen *Heteroptera, Fa Pyrrhocoridae;* in Mitteleuropa 2 Arten.
L: Bäume, vor allem Linden.
N: Pflanzensaft, andere Insekten, die ausgesogen werden.

Lw: Oft gesellig in grosser Zahl am Fuss von Bäumen; Überwinterung meist als Imago.
F: Pz im Frühling, Eier werden im Boden vergraben; 5 Larvenstadien bis Imago, die im Verlaufe des Sommers durchlaufen werden; unvollkommene Verwandlung: Larven gleichen Imago, aber ohne Flügel.
S: VD.

Riesenholzwespe

Urocerus (Sirex) gigas (L.)

K: Bis 40 mm, ♀ grösser als ♂; auf Bild ♀ beim Einbohren des Legestachels in einen geschlagenen Lärchenstamm; auffallende schwarz-gelbe Zeichnung; für Menschen völlig ungefährlich.
Ss: O Hautflügler *Hymenoptera, UO* Pflanzenwespen *Symphyta, Fa* Siricidae mit 8 Arten in Mitteleuropa.
L: Vor allem Nadelwald, Larve in Holz.
N: Imago: Baumsäfte; Larve: Holz.
Lw: Tagaktiv; Juli – September.
F: ♀ bohrt mit Legestachel Rinne in Borke von meist bereits geschädigten Nadelbäumen, legt mehrere Eier in Rinne; Larven nagen zuerst periphere Gänge, dann in den Kern, Entwicklung 3-4 Jahre; vollkommene Verwandlung: madenähnliche Larve, Puppe, Imago.
S: VD.

Hirschkäfer *Lucanus cervus* L.

K: ♂ bis 80 mm, ♀ bis 50 mm, Grösse von Nahrungsbedingungen der Larvenzeit abhängig; grösster einheimischer Käfer; auf Bild ♂; ♀ ohne «Geweih».
Ss: O Käfer *Coleoptera, UO Polyphaga, Ue-Fa* Blatthornkäfer *Scarabaeoidea, Fa Lucanidae* mit 7 Arten in Europa.
L: Laubwälder mit alten Eichen bis 1000 m ü. M.
N: Imago: Baumsäfte; Larve: vermodertes Holz.
Lw: Dämmerungs-, nachtaktiv; Juni–Juli.
F: ♀ sucht Stelle mit Saftfluss, spritzt Kot, lockt ♂♂ an, Kämpfe der ♂♂; vollkommene Verwandlung, dauert bis 5 Jahre; Larve braucht im 5. Larvenjahr im Monat rund 250 cm^3 vermodertes Holz.
S: BL, SH, TG, VD.

Kleiner Schillerfalter — *Apatura ilia* (Denis & Schiffermüller)

K: 30–38 mm; auf Bild ♂; ♀ fehlt der violette Schiller auf Flügeloberseite; Augenfleck mit orangefarbenem Ring Unterscheidungsmerkmal zum Grossen Schillerfalter.
Ss: O Schmetterlinge *Lepidoptera,* Fa Edelfalter *Nymphalidae;* vorderstes Beinpaar zu Putzpfote verkürzt; etwa 55 Arten in Mitteleuropa.
L: Lichte Wälder, Auengelände bis 800 m ü. M.
N: Larve: Blätter von Weiden, Pappeln.
Lw: Tagaktiv; Flugzeit E Juni–August; Vormittag Bodennähe, Nachmittag Baumkronen; Larve überwintert.
F: Vollkommene Verwandlung; N der Alpen 1 Generation, S der Alpen 2 Generationen; Raupe grünlich mit 2 schwarzen Hörnern auf Kopf.
S: TG, VD.

Waldbrettspiel *Pararge aegeria* (L.)

K: 22–25 mm; Vorderflügeloberseite orangegelb mit dunkelbraunen Flecken; ♂ und ♀ gleich gefärbt.
Ss: O Schmetterlinge *Lepidoptera*, *Fa* Augenfalter *Satyridae* mit 30 Arten in Mitteleuropa.
L: Lichte Laubwälder bis über 1000 m ü. M.
N: Larve: Verschiedene Gräser wie *Agropyron, Triticum, Poa, Brachypodium*.

Lw: Falter tagaktiv; Raupe vor allem nachtaktiv; Winterruhe als Larve, manchmal als Puppe im Boden; Flugzeit April–September.
F: Vollkommene Verwandlung; N der Alpen zwei Generationen, S der Alpen mehrere, nicht scharf voneinander getrennte Generationen; Raupe grün.
S: VD.

Pappelschwärmer *Laothoe populi* (L.)

K: 30-45 mm; Vorderflügel schmal mit verstärkten Adern am Vorderrand, Hinterflügel ragen in Ruhestellung darunter hervor; ♂ wie ♀ gefärbt.
Ss: O Schmetterlinge *Lepidoptera*, *Fa* Schwärmer *Sphingidae* mit 30 Arten in Mitteleuropa, darunter Wanderfaltern wie Totenkopf und Windenschwärmer.
L: Lichte Laubwälder, Auenwälder, Parkanlagen.
N: Larve: Blätter von Pappeln, Weiden; Imago: Nimmt keine Nahrung zu sich.
Lw: Nachtaktiv; fliegt ans Licht; Flugzeit Mai-Juli; überwintert als Puppe.
F: Vollkommene Verwandlung; Raupe bis 80 mm; grün mit gelben Schrägstreifen und grüngelbem Horn auf Hinterende.
S: SH, VD.

Waldrand, Hecke

Grenzflächen zwischen zwei Lebensräumen sind in der Regel besonders vielfältig und reich an Lebewesen (Randeffekt). Mit dem Zurückdrängen des Waldes hat der Mensch diese Grenzfläche von Wald und offener Flur gewaltig gesteigert. Reste des ursprünglichen Waldes sind in Form von Bach- und Feldgehölzen übriggeblieben. An nicht genutzten Rainen und Wegrändern sind Gehölze wieder aufgekommen. Zur Abgrenzung und als Windschutz hat der Mensch Hecken und Windschutzstreifen gepflanzt.

Wie der Wald selbst hängt die Zusammensetzung des Waldrandes, der kleinern Gehölze und der Hecken von Boden, Klima, Exposition, aber vor allem auch von der Geschichte und von der Pflege ab. Wir unterscheiden den sich aus Büschen und Bäumen zusammensetzenden Mantel und den von Kräutern gebildeten Saum (z. B. Knoblauchhederich-Hekkenkerbel-Gesellschaft). An Mantel-Gesellschaften wären zu nennen: Liguster-Schlehen-Gebüsch, Schlehen-Weissdorn-Gebüsch, Pfaffenhütchen-Schwarzholunder-Gebüsch, Sanddorngebüsch, Rosen-Berberitzen-Gebüsch, Maiglöckchen-Hasel-Gebüsch usw. Bäume und Sträucher setzen sich vor allem aus Lichtholzarten zusammen.

Die mechanisierte Bodennutzung der Landwirtschaft verlangt zusammenhängende grosse Flächen. Ausserdem haben die Feldgehölze und Hecken ihre ursprünglichen Nutzfunktionen weitgehend verloren. Deshalb verschwinden vor allem im Flachland diese Gehölze mehr und mehr. Daneben werden die Waldränder begradigt und damit verkürzt.

Mit ihren reichen Strukturen bieten Kleingehölze und Buschgruppen, aber auch der Waldrand, den verschiedensten Tieren Lebensmöglichkeiten. Eine Reihe von gefährdeten Vogelarten der Roten Liste wie Rebhuhn, Raubwürger, Rotrückenwürger, Schwarzkehlchen und Gelbspötter sind auf derartige Gehölze angewiesen.

In einer Heckenlandschaft in der Bretagne brüteten auf 10 ha 99 Vogelpaare in 40 Arten, auf gehölzlosem Agrarland nur 35 Paare in 23 Arten. In der Schweiz kann man in einer Landschaft mit Hecken und Feldgehölzen mit 37 Brutvogelarten, in einer gehölzfreien mit 6 Arten rechnen. Neuntöter, Dorngrasmücke, Gartengrasmücke und Goldammer sind Charaktervögel dieser Lebensgemeinschaft und entsprechend stark zurückgegangen.

Grosses Heupferd   *Tettigonia viridissima* L.

K: 28–42 mm; auf Bild ♀ mit langer Legeröhre, ♀ grösser als ♂; Fühler etwa körperlang.
Ss: O Heuschrecken *Saltatoria U O* Langfühlerschrecken *Ensifera, Fa* Singschrecken *Tettigoniidae* mit 13 Arten in Mitteleuropa.
L: Waldrand, Gebüsch, Feldgehölze, Bäume, Getreide-, Kartoffeläcker.
N: Vor allem Insekten, gelegentlich Blätter.
Lw: Aktiv in Abenddämmerung, 1. Hälfte der Nacht; Juli bis Oktober; überwintert als Ei.
F: ♂♂ zirpen durch rasches Aneinanderreiben der grossen, glänzenden «Spiegelzellen» an Basis der Vorderflügel; ♀ legt bis 100 Eier in Erde; unvollkommene Verwandlung mit mindestens 5 Larvenstadien.
S: VD.

Lindenprachtkäfer   *Lampra rutilans* L.

K: 7-15 mm; Imago auffallend smaragdgrün und kupferrot gefärbt; Larve nackt, weisslich, ohne Augen und Beine.
Ss: O Käfer *Coleoptera*, UO *Polyphaga*, Fa Prachtkäfer *Buprestidae* mit etwa 15000 hauptsächlich tropischen Arten, davon etwa 90 in Mitteleuropa.
L: Imago an Baumstämmen, Linde, Ulme, Wacholder, auch an Blüten; Larve unter der Borke.
N: Imago: Blätter, Blütenstaub; Larve: Holz, vor allem von Linde.
Lw: Imago tagaktiv, liebt Sonne; Larve bewirkt durch Frass Abfallen der Borke und Astdürre.
F: Eier werden von Frühling bis Sommer einzeln in Rindenritzen abgelegt; vollkommene Verwandlung.
S: VD.

Skorpionsfliege *Panorpa communis* L.

K: 18–22 mm; Kopf schnabelartig verlängert, am Vorderende mit beissenden Mundwerkzeugen; auf Bild ♂ mit Begattungsapparat, der in Form und Haltung dem Schwanzstachel des Skorpions gleicht.
Ss: O Schnabelfliegen *Mecoptera*, *Fa* Skorpionsfliegen *Panorpidae* mit 5 Arten in Mitteleuropa.
L: Hecken, Gebüsche, Larven am Boden oder unmittelbar darunter.
N: Imago: tote Insekten, Pollen, Nektar; Larven: faulende Pflanzen, tote Tiere.
Lw: Tagaktiv; Mai–September; 2 Generationen; überwintert als Larve.
F: ♂ füttert ♀ vor und während Paarung mit Sekrettropfen, ♀ legt 40–140 Eier als Häufchen in Erde; vollkommene Verwandlung; Larven raupenähnlich.
S: VD.

Segelfalter *Iphiclides podalirius* (L.)

K: 35–45 mm; Grundfarbe bleichgelb; Hinterflügel mit langem *Sw*, im Gegensatz zum ähnlichen Schwalbenschwanz kein gelber Halbmondfleck am Vorderflügelrand.
Ss: O Schmetterlinge *Lepidoptera*, *Fa* Ritter *Papilionidae* mit 5 Arten in *CH*.
L: Trockenes, warmes mit Büschen bestandenes Gelände, bis 2000 m ü. M.
N: Raupe: Blätter von Schwarzdorn, Traubenkirsche, Weissdorn.
Lw: Tagaktiv; Flatterflug unterbrochen von Segelphasen; Flugzeit Mai–Juli; N der Alpen 1 Generation, S der Alpen 2; überwintert als Puppe.
F: Eier werden einzeln an Blattunterseite der Wirtspflanze abgelegt; vollkommene Verwandlung; Raupe gedrungen, hinten stark abgeflacht, grün, rot gefleckt, gelbe Schrägstreifen.
S: SH, TG, VD.

Trockenrasen

Das Bild des sonnendurchglühten Trockenrasens mit einzelnen Wacholderbüschen und knorrigen Föhren weckt den Eindruck von urwüchsiger Natur. Aber diese so ursprünglich wirkende Lebensgemeinschaft verdankt ihr Bestehen dem Menschen. Durch Beweiden oder Mähen sind diese ehemaligen Waldgebiete nach der Rodung offen geblieben.

Der Botaniker unterscheidet eine Reihe von verschiedenen Gesellschaften wie den Trespen-Trockenrasen, den Trespen-Halbtrockenrasen, den Fiederzwenken-Halbtrockenrasen, die Wimperperlgrasflur, den Enzian-Zwenkenrasen usw. Alle zeichnen sich durch eine grosse Zahl von seltenen Pflanzenarten wie z. B. Orchideen und durch einen grossen Artenreichtum aus. Der Kenner kann auf einer Fläche von 100 m^2 eines Trespen-Halbtrockenrasens 70 und mehr Pflanzenarten entdecken. Der wiederholte Besuch eines solchen Gebietes bringt schon durch das im Verlaufe der Vegetationsperiode wechselnde Farbenspiel der verschiedenen Blüten einen hohen Genuss.

In den letzten Jahrzehnten sind diese Paradiese sehr stark zurückgegangen. Die Bewirtschaftung der armen Böden lohnt sich nicht. Der Wald hat von selbst oder durch Wiederaufforstungen gefördert die offenen Flächen erneut besiedelt und damit die einstige Fülle zum Verschwinden gebracht.

Dem Artenreichtum an Pflanzen entspricht eine ebenso grosse Vielfalt an Kleintieren wie von Schmetterlingen, vor allem einer grossen Zahl verschiedener Bläulinge, von Bienen, Wespen, Hummeln und anderer Hautflügler verschiedenster Arten, von Käfern wie den schmucken Sandlaufkäfern, von Spinnen usw. Hier treffen wir Kostbarkeiten wie Gottesanbeterin, Schmetterlingshaft, Ameisenjungfer. Hübsche weisse Heideschnecken suchen, wie Perlen in 20-30 cm Höhe an Pflanzenstengeln aufgereiht, Schutz vor der Bodenhitze, die 50° betragen kann. Völlig in der Farbe dem Boden entsprechende Ödlandschrecken fliegen vor unserm Fuss auf und enthüllen ihre rot oder blau gefärbten Hinterflügel. Der Berglaubsänger lässt seinen einfachen Triller trotz Hitze unermüdlich erklingen. Wer ein solches Gebiet kennt, begreift das Interesse des Naturschutzes am Erhalten der Trockenrasen.

Röhrenspinne *Eresus niger* (Petagna)

K: 8–16 mm; auf Bild ♂ mit rotem Hinterleib, 4 schwarzen Flecken; ♀ samtschwarz.
Ss: St Gliederfüsser *Arthropoda, Kl* Spinnentiere *Arachnida, O* Webespinnen *Araneae, Fa* Eresidae mit 1 Art in *CH.*
V: Mittelmeer, Oberrheinische Tiefebene. CH: VS, Puschlav bis 1500 m ü. M.
L: Sandige, warme Böden an südexponierten Hängen.
N: Bodenlebende Insekten; vor allem Käfer.
Lw: An geeigneten Orten Kolonien bildend; gräbt 1 cm weite, 10 cm tiefe Röhren in Erde mit Gespinstdecke und Fangfäden über Eingang; lauert dort auf Beute; ♂♂ September–Mai; ♀♀ leben offenbar bis 3 Jahre.
F: Ablage von Eiern; direkte Entwicklung mit mehreren Häutungen.
S: VD.

Gottesanbeterin — *Mantis religiosa* L.

K: 40–75 mm; Kopf dreieckig, sehr beweglich; Vorderbeine zu Fangbeinen umgestaltet; ♀♀ grösser als ♂♂.
Ss: St Gliederfüsser *Arthropoda*, *Kl* Insekten *Hexapoda*, *O* Fangschrecken *Mantodea*, *Fa Mantidae* mit 1 Art in *CH*.
L: Warme, trockene Gebiete.
N: Insekten, die durch Auflauern und rasches Vorschnellen der Fangbeine erbeutet werden.
Lw: Fliegt flach; Juli–Oktober; Überwinterung als Ei.
F: ♀ verzehrt während oder nach Paarung das ♂; mehrmalige Ablage von Eigelegen in schaumartigem Sekret, das an Luft erstarrt; unvollkommene Verwandlung.
B: Im Raume Basel sehr selten, SW-*CH*, *VS*, S-*CH* nicht häufig.
S: VD.

Schmetterlingshaft *Ascalaphus libelluloides* (Schaeffer)

K: Bis 24 mm; gross, schmetterlingsähnlich; bunte Flügel; lange, am Vorderende keulenförmig verdickte Fühler.
Ss: Kl Insekten *Hexapoda, O* echte Netzflügler *Planipennia (Neuroptera), Fa Ascalaphidae* mit 3 Arten in *CH*.
L: Trockenrasen, Larven zwischen Blättern und Steinen.
N: Imago: Insekten, die im Flug erbeutet werden; Larve: Gliederfüsser.
Lw: Imago fliegt nur bei Sonnenschein; überwintert als Larve.
F: Einleitung der Paarung im Flug; Eier in Doppelreihen an Pflanzenstengeln angeheftet; vollkommene Verwandlung; Larve mit am Innenrand gezähnten Saugzangen, mit denen Beute ausgesogen wird; Larvenzeit 2 Jahre.
S: SH, VD.

Blutströpfchen, Widderchen

Zygaena transalpina (Esper)

K: 14–17 mm; Flügel schwarz mit blaugrünem Glanz, rote Flecken; mehrere ähnliche Arten.
Ss: Kl Insekten *Hexapoda*, O Schmetterlinge *Lepidoptera*, Fa *Zygaenidae* mit etwa 30 Arten in CH.
L: Trockenrasen auf Kalkboden bis 2000 m ü. M.
N. Larve: Blätter von Hufeisen-, Hornklee, Kronwicke; Imago: Nektar.
Lw: Tagaktiv; schwirrender Flug nur bei Sonnenschein; sitzt mit dachförmig gehaltenen Flügeln; Ekelgeschmack; Warnfarbe; Flugzeit Juni–August; überwintert als Raupe, oft mehrmals.
F: Vollkommene Verwandlung; Raupe kurz, dick mit beborsteten Warzen, gelb-grün mit schwarzen Fleckenreihen; Puppe in pergamentartigem, gelblichem Gespinst an Pflanzenstengeln.
S: VD.

Pinien-Prozessionsspinner — *Thaumetopoea pityocampa* Schiffermüller

K: Raupen bis 2 cm; mit Brennhaaren, die beim Menschen schwere Hautentzündungen hervorrufen; Falter 13–18 mm, graubraun mit dunkler Zeichnung.
Ss: O Schmetterlinge *Lepidoptera*, *Fa Thaumetopoeidae* mit 3 Arten in *CH*.
L: Trockene, sandige Föhrenwälder.
N: Raupe: Nadeln von Pinus-Arten.

Lw: Nachtaktiv; Flugzeit Juli, August, ♀ lebt nur 2–3 *T;* überwintert als Ei; Raupen gesellig, ruhen tagsüber in gemeinsamem Gespinstnest; zum Fressen und zur Verpuppung «Prozessionswanderung» (wie Bild).
F: Gelege mit etwa 150 Eiern, wird um Nadelpaar gelegt, mit Drüsensekret und Schuppen des ♀ bedeckt; vollkommene Verwandlung; Verpuppung im Boden.
S: VD.

Heideschnecke — *Candidula unifasciata* (Poiret)

K: Durchmesser 6–8 mm, Höhe 4–5 mm, Schale runzelig gerippt; mehrere ähnliche Arten.
Ss: St Weichtiere *Mollusca, Kl* Schnecken *Gastropoda, O* Landlungenschnecken *Styllomatophora, Fa Helicidae, UFa Helicellinae* mit etwa 10 Arten in *CH*.
L: Trockene, warme Hänge bis 2000 m ü. M., offene Gebiete.
N: Frische, verwelkende und trockene Pflanzenteile.
Lw: Aktiv bei Feuchtigkeit; Sommerruhe; Tagesruhe gemeinsam an Pflanzenstengeln, um damit in kühlere Luftschicht vom Boden wegzukommen; mehrere dünne Schleimdeckel als Schutz vor Austrocknen.
F: Zwitter; Begattung, Eiablage im Frühling.
S: VD.

Kiesgrube

Der Bedarf an Sand und Kies ist in den letzten Jahrzehnten in der Folge der hektischen Bautätigkeit enorm gewachsen. Um diesen Bedarf zu decken, sind im Mittelland an vielen Orten mondkraterähnliche, hässliche Wunden im grünen, bewirtschafteten Land entstanden. Nach Abschluss der Kies- und Sandgewinnung dienten sie üblicherweise als willkommene Aufnahmestellen der Endprodukte unserer Wegwerfgesellschaft. Mit Bauaushub zugedeckt und begrünt, konnte die ehemalige Grube wieder in den Dienst der landwirtschaftlichen Produktion eingespannt werden. Gewässerschutz und Naturschutz sind heute mit diesem Vorgehen nicht mehr generell einverstanden.

Ältere Gruben sehen vielleicht nicht «schön» in den ordnungsgewohnten Augen eines Schweizers aus, aber sie sind mit ihrer Vielzahl verschiedenartigster Kleinbiotope von höchstem naturkundlichem Wert. Seichte Pfützen, bewachsene und unbewachsene, tiefe und seichtere Weiher, offene Sand- und Schotterflächen mit einzelnen grossen Blöcken wechseln mit Unkrautfluren, kleinen Gehölzen, schütteren Trockenrasen und steilen Kies- und Sandwänden mit regengeschützten Stellen ab. In dieser bunten Vielfalt zeigen sie viele Elemente der verschwundenen Flussauen mit ihrer durch die periodischen Hochwasser geprägten Dynamik und dem wechselnden Mosaik von Feucht- und Trockenstandorten.

Uferschwalben finden praktisch nur noch in Kiesgruben die für das Anlegen der Niströhren nötigen Sandwände. Auch die Mehrzahl der wenigen Flussregenpfeiferpaare nistet in Gruben. Kreuzkröte, Laubfrosch, Unke, Geburtshelferkröte, Kammolch, Teichmolch und Fadenmolch bevorzugen Kiesgrubengewässer und kommen in einzelnen Gegenden nur noch an diesen Ersatzstandorten vor.

Dazu kommt eine grosse Zahl von Wasserinsekten nicht zuletzt von Libellen. Aber ebenso wichtig sind Kiesgruben für Trockenheit und Wärme liebende Kleintiere. Verschiedene Insekten wie viele Tagfalter, Heuschrecken, Grillen, Käfer, Ameisen, Wildbienen, Faltenwespen, Grabwespen usw. finden in den Kiesgruben mitten in der einförmigen, intensiv genutzten Kulturlandschaft die ihnen zusagenden Lebensbedingungen.

Kiesgruben sind deshalb in der Regel erhaltenswert und bei richtiger Pflege, die auch der Dynamik Rechnung trägt, von grosser Bedeutung.

Hufeisen-Azurjungfer *Coenagrion puella* (L.)

K: 23–30 mm; ♂ blau (auf Bild oben) mit hufeisenförmiger Zeichnung auf 2. Hinterleibsring, ♀ gelbgrün (Bild unten).
Ss: Kl Insekten *Hexapoda, O* Libellen *Odonata, UO* Kleinlibellen *Zygoptera, Fa* Schlanklibellen *Coenagrionidae* mit 18 Arten in *CH*.
L: Stehende oder langsam fliessende Gewässer mit Wasserpflanzen; Larve im Wasser.
N: Imago: fliegende Insekten; Larve: kleine Wassertiere.
Lw: Tagaktiv; Flugzeit Mai–August; überwintert als Larve.
F: ♂ füllt Kopulationsorgan am 2./3. Hinterleibsring mit Sperma, ergreift ♀ mit Hinterleibszange am Kopf, ♀ krümmt Hinterleib nach vorn, «Paarungsrad» (vgl. Bild), Eiablage in Wasserpflanzen, ♂ bleibt in «Tandemposition» am Kopf des ♀ verankert; Schlüpfen nach 4–5 *Wo;* Larvenzeit 1 Jahr.
S: SH, VD.

Wasserskorpion *Nepa rubra* L.

K: 7–22 mm; Körper flach, Vorderbeine zu Fangbeinen umgebildet; Atemrohr am Hinterende.
Ss: Kl Insekten *Hexapoda, O.* Wanzen *Heteroptera, Fa Nepidae* mit 2 Arten in *CH.*
L: Am Grund und auf Wasserpflanzen seichter Gewässer.
N: Lauerjäger, der kleine Wassertiere packt und mit Rüssel aussaugt; Stich für Beutetiere tödlich, für Menschen schmerzhaft.
Lw: Ganzjährig im Wasser; überwintert als Imago.
F: Eier in weiches Pflanzenmaterial eingedrückt; unvollkommene Verwandlung, Larve ähnlich Imago, aber ohne Flügel.
S: VD.

Goldwespe *Chrysididae spec.*

K: 6–9 mm; metallisch rot, blau, grün oder golden gefärbt.
Ss: Kl Insekten *Hexapoda, O* Hautflügler *Hymenoptera, UO Apocrita, Fa Chrysididae* mit ca. 60 Arten in *CH.*
L: Trockene, besonnte Flächen mit Holz, Mauern.
N: Imago: Pollen. Larve: Futter- oder Larvenparasit bei andern Hautflüglern.
Lw: Tagaktiv; fliegt bei sonnigem, warmem Wetter; Flugzeit April–September; überwintert als Larve; Imago besitzt stark ausgehöhlten Hinterleib, bei Beunruhigung wird er unter Brust geschlagen, so dass Körper rund und ungreifbar wird.
F: ♀ dringt in Nest von einsiedlerisch lebenden Bienen und Wespen, legt mehrere Eier auf Wirtslarve, von denen sich eines im oder am Wirt entwickelt; vollkommene Verwandlung.
S: VD.

Hosenbiene

Dasypoda plumipes (Panzer)

K: 11-17 mm; Hinterbeine mit langer, gelbroter Behaarung (auf Bild mit Pollen der Wegwarte eingepudert) als Sammelapparat.
Ss: Kl Insekten *Hexapoda*, O Hautflügler *Hymenoptera*, UeFa Bienen *Apoidea*, Fa *Melittidae* mit 2 *Dasypoda*-Arten in *CH*.
L: Sonnige, sandige Gebiete.
N: Pollen, Blütennektar.
Lw: Tagaktiv; sucht in den frühen Morgenstunden Pollen an Körbchenblütlern; trägt auf einem Flug bis zur Hälfte ihres Körpergewichtes an Pollen ein; gegen Mittag Ruhe im Nest, gegen Abend Erdarbeiten am Nest.
F: ♀ baut Nest in Boden, bis 80 cm langer Gang mit traubenartig verteilten Zellen; in jeder Zelle ein auf 3 Füssen stehender Nektar-Pollenklumpen mit einem Ei; vollkommene Verwandlung.
S: VD.

Bergsandlaufkäfer *Cicindela silvicola* Dejean

K: 15-18 mm; metallisch kupferfarben mit weisslichen Flecken.
Ss: Kl Insekten *Hexapoda, O* Käfer *Coleoptera, UO Adephaga, Fa Cicindelidae* mit 8 Arten in *CH*.
L: Sonniges, sandiges Gelände.
N: Insekten, die in raschem, kurzem Spurt erbeutet werden.
Lw: Tagaktiv; Bodenjäger; scheu, fliegt bei Störung niedrig über Boden weg; April-September; Larve lebt in bis 50 cm tiefem Erdbau; lauert bei Sonnenschein an Oberfläche, sonst am Grund; überwintert als Larve.
F: Vollkommene Verwandlung; Larvenzeit 1 bis 2 Jahre je nach Ernährungsbedingungen; Puppenruhe 2-4 *Wo*.
S: VD.

Gelbrandkäfer *Dytiscus marginalis* L.

K: 35–50 mm; Körper abgeflacht; hinterstes Beinpaar als Ruder mit Schwimmborsten.
Ss: Kl Insekten *Hexapoda, O* Käfer *Coleoptera, UO Adephaga, Fa Dytiscidae* mit ca. 150 Arten in CH.
L: Pflanzenreiche stehende oder schwachfliessende Gewässer.
N: Alle Tiere, die er überwältigen kann.
Lw: Schwimmt und taucht vorzüglich durch gleichzeitiges Schlagen der beiden Ruderfüsse; holt an Wasseroberfläche Luft, führt unter Flügeln Luft mit.
F: Vollkommene Verwandlung; Larve bis 70 mm lang; gleicher Räuber wie Imago; Verpuppung an Land.
S: VD.

Bach

Ein Fliessgewässer mit einer Breite von weniger als fünf Metern bezeichnet man als Bach. Das Wort Bach umschreibt aber so wenig einen einheitlichen Lebensraum wie der Ausdruck Wald oder Feuchtgebiet. Ein Gletscherbach und ein Wiesenbach im Unterland bieten sehr verschiedene Lebensbedingungen. Das Wasser des Gletscherbaches ist kalt, meist etwa 0°, und reissend, wenn an einem heissen Hochsommertag grosse Schmelzwassermengen das Gletschertor verlassen. Trotz seiner Unwirtlichkeit ist der Gletscherbach die Heimat der Larve der Gletscherzuckmücke.

Im Hochgebirgsbach kann sich das Wasser im Sommer zwar bis auf 9° erwärmen, aber die grosse Strömungsgeschwindigkeit von bis zu 2,5 m pro Sekunde, die Geröll und grosse Blöcke mühelos talabwärts trägt, setzt dem Leben Grenzen. Pflanzen sind der zermalmenden Wucht des Geschiebes nicht gewachsen. Höchstens einige Algen und Moose können ihr trotzen. Die meisten der im Bergbach lebenden Tiere zeichnen sich durch flache Körperform aus und bieten so weniger Widerstand. Zum Festhalten besitzen sie verschiedenste Einrichtungen wie Haken, Krallen, Saugnäpfe oder klebrigen Schleim. Es handelt sich um Strudelwürmer, Larven von Hakenkäfern, Stein-, Eintags- und Köcherfliegen, Kriebel- und Lidmücken sowie die Mützenschnecke.

Weiter unten im Tal nimmt die Fliessgeschwindigkeit immer stärker ab. Wasserpflanzen siedeln sich an und zusätzliche, neue Tierarten wie Krebse, Libellen, Spinnen, Schnecken tauchen auf.

Auch einige Wirbeltiere sind ans Leben im und am Bergbach angepasst. Die Wasseramsel besitzt als einziger Singvogelvertreter die Fähigkeit, unter Wasser zu tauchen und zu schwimmen. Die Ufer belebt die langschwänzige Bergstelze. Die Larve des Feuersalamanders ist als einzige Lurchenart auf sauerstoffreiche, saubere Bäche angewiesen. Forelle, Elritze und Groppe sind charakteristische Bewohner der Bergbäche. Man spricht deshalb auch von der Forellenregion, an die sich in den tiefern Lagen die Äschenregion anschliesst.

Bäche sind interessante und von Spezialisten bewohnte Lebensräume. Um so bedauerlicher ist es, dass hauptsächlich in den tieferen Lagen diese Gewässer entweder begradigt und in ein festes Betonbett gezwängt oder in Röhren gefasst eingedolt werden.

Wasserraubspinne *Dolomedes fimbriatus* (Clerck)

K: 12–18 mm; Hinterleib rotbraun mit kleinen weissen Punkten, Vorderkörper und Hinterleib hellgelb gerandet (auf Bild Farbe falsch).
Ss: St Gliederfüsser *Arthropoda, Kl* Spinnentiere *Arachnida, O* Webespinnen *Araneae, Fa* Raubspinnen *Pisauridae* mit 2 Arten in *CH*.
L: Mit Wasserpflanzen bewachsene Gewässer, lichte Auen- und Bruchwälder.
N: Insekten, vor allem ins Wasser gefallene Tiere.
Lw: Bewegt sich auf Wasseroberfläche, taucht bei Gefahr; legt keine Netze an.
F: ♀ trägt runden Eikokon mit Mundwerkzeugen umher, vor Schlüpfen wird Kokon unter zusammengesponnenen Grashalmen aufgehängt und bewacht; direkte Entwicklung mit mehreren Häutungen.
S: VD.

Eintagsfliege *Ephemeroptera*

K: 3–38 mm; häutige Flügel in Ruhe nach oben geklappt, Hinterflügel viel kleiner; Hinterleibsende mit 2–3 langen *Sw*-Fäden; Mundwerkzeuge verkümmert; sehr altertümliche Insektengruppe.
Ss: Kl Insekten *Hexapoda, O* Eintagsfliegen *Ephemeroptera* mit etwa 13 *Fa* und 75 Arten in *CH*.
L: Bäche, Flüsse, auch Seen, Teiche.
N: Imago nimmt keine Nahrung auf; Larve: Algen, sich zersetzendes Pflanzenmaterial.
Lw: Flugzeit artspezifisch; vor allem nach Sonnenuntergang; Imago lebt nur wenige Stunden.
F: Paarung in der Luft, ♀ wirft Eipaket auf Wasseroberfläche; unvollkommene Verwandlung, bis 20 Häutungen, Entwicklung im Wasser, aus letztem Larvenstadium schlüpft flugfähiges Subimago.
S: VD.

Blauflügel-Prachtlibelle *Calopteryx virgo* (L.)

K: 34–39 mm; auf Bild ♀; ♂ ganzer Flügel braunschwärzlich mit prächtig blauem Metallglanz; ♂ der ähnlichen Gebänderten Prachtlibelle hat nur Flügelbinde.
Ss: St Insekten *Hexapoda, O* Libellen *Odonata, UO* Kleinlibellen *Zygoptera, Fa Calopterygidae* mit 2 Arten in *CH*.
L: Sauerstoffreiche Bäche mit Uferbewuchs; Larve im Wasser.
N: Insekten im Flug; die mit Dornen versehenen Füsse bilden Fangkorb.
Lw: Tagaktiv; Flugzeit April–August; in der Reifungsphase nach Schlüpfen (10 *T*) sozial; in Fortpflanzungsphase verteidigt ♂ Revier; überwintert als Larve.
F: Balz, Paarung wie andere Libellen (vgl. Seite 168); ♂ zeigt Eiablageplatz, bewacht ♀ bei Eiablage; unvollkommene Verwandlung; Larvenzeit 2 Jahre.
S: SH, VD.

Bernsteinschnecke *Succinea putris* (L.)

K: Durchmesser 8-11 mm, Höhe 16-22 mm; Schale dünn, bernsteinfarben; die nicht normalen, wurstförmig aufgetriebenen Fühler enthalten Sporocysten des Saugwurms *Leucochloridium macrostomum*.
Ss: St Weichtiere *Mollusca*, *Kl* Schnecken *Gastropoda*, *O* Landlungenschnecken *Stylommatophora*, *Fa Succineidae* mit etwa 3 Arten in *CH*.
L: Sumpfige Ufer von Gewässern bis 1800 m ü. M.
N: Frische und welkende Pflanzenteile, Algen.
F: Zwitter; bei Paarung verhält sich ein Tier als ♂, das andere als ♀, Ablage von 50-100 Eiern in gallertiger Masse auf feuchten Boden oder an Pflanzen; direkte Entwicklung.
S: VD.

Blumenreiche Wiese

Wiesen sind wie Weiden und Äcker vom Menschen geschaffene Lebensräume. Während aber Weiden in Mitteleuropa schon sehr alt sind, entstanden Wiesen und die für das Mähen notwendigen Geräte erst vor etwa 1000 Jahren. Wohl kannte man die Sichel bereits zur Bronzezeit, verwendete sie aber nur für die Getreideernte und nicht für das Mähen von Wiesen.

Wiesen stehen heute auf früherem Waldareal. Trotzdem machen Waldpflanzen nur etwa 25% der heutigen Wiesenpflanzen aus. Etwa 20% stammen aus Waldlichtungen, etwa 30% von natürlich waldfreien Standorten wie Mooren, Ufern, Schutthalden. Etwa 15% der Wiesenpflanzen kommen aus entfernteren waldfreien Gebieten wie den östlichen Steppen oder den mediterranen Grasheiden. Viele Wiesenpflanzen besitzen Samen mit Einrichtungen zum Transport über weite Strecken. So machen Schweber und Flieger, also Windwanderer, etwa 60% der Wiesenpflanzenarten aus.

Während das weidende Vieh eine Auslese zwischen den vorhandenen Pflanzen trifft, bringen Sense oder Mähmaschine den gleichen tiefgehenden Eingriff für alle Pflanzen. Das Mähen fördert anfangs die hochwüchsigen Arten. Je öfter aber eine Wiese gemäht wird, desto stärker überwiegen schliesslich die kriechenden und rosettenbildenden Pflanzen wie im Extremfalle des Gartenrasens. Wiesen benötigen – abgesehen von den einschürigen Streuewiesen – eine Düngung, sonst «verarmen» sie in ihrer Ertragsleistung zu Magerwiesen. Mit der Zahl der Schnitte und der Intensität der Düngung wächst der Ertrag und geht gleichzeitig die Artenzahl, besonders der «Unkräuter», also der bunt blühenden Arten, immer stärker zurück. An Stelle von mehreren hundert Arten bleiben einige Dutzend, mehrheitlich von Gräsern. Die Kräuter machen statt über 30% nur noch etwa 2% aus.

Derartige intensiv genutzte Fettwiesen wirken grün. Der bunte Blumenschmuck, der uns noch immer auf den extensiver bewirtschafteten Goldhaferwiesen in den Voralpen beglückt, fehlt. Mit der Verarmung der Pflanzenarten geht ein Rückgang der Tierarten Hand in Hand. Ins Auge fallen vor allem die Schmetterlinge. In einem süddeutschen Gebiet waren es noch 8 statt 22 Schmetterlingsarten und 59 statt 988 Individuen. Charaktervögel wie Feldlerche und Braunkehlchen werden selten oder verschwinden. Rebhuhn, Wachtel und Wachtelkönig stehen bereits auf der Roten Liste.

Krabbenspinne *Misumena vatia* (Clerck)

K: ♀ bis 10 mm, ♂ bis 4 mm; auf Bild ♀, ♂ grün; 1. und 2. Beinpaar kräftiger und grösser als übrige.
Ss: St Gliederfüsser *Arthropoda, Kl* Spinnentiere *Arachnida, O* Webespinnen *Araneae, Fa Thomisidae* mit etwa 40 Arten in *CH*.
L: Auf Blüten.
N: Insekten, vor allem Bienen; lauert mit ausgebreiteten Vorderbeinen auf Blüte, fängt blütenbesuchendes Insekt und saugt es aus.
Lw: Einzelgänger; erwachsene Tiere können innert 2–3 *T* Farbe dem Untergrund anpassen; weben keine Netze.
F: ♂ spinnt ♀ vor Paarung symbolisch ein; direkte Entwicklung.
S: VD.

Feldgrille — *Gryllus campestris* L.

K: 20–26 mm; glänzend schwarz; Hinterschenkel unten blutrot; auf Bild ♀ mit langer, dünner Legeröhre.

Ss: Kl Insekten *Hexapoda, O* Heuschrecken *Saltatoria, UO Ensifera, Fa Gryllidae* mit 5 Arten in *CH.*

L: Trockene Wiesen, Hänge, Feldiainc.

N: Allesfresser.

Lw: Tag- und nachtaktiv; ältere Larven und Imago leben in selbstgegrabenen Erdhöhlen; Einzelgänger; ♂ zirpt mit Hilfe beider Flügeldecken: werden schräg nach oben von Körper abgespreizt, gezähnte Schrillader von rechtem Vorderflügel streicht über Schrilleiste des linken; überwintert als Larve.

F: Balz von «Werbegesang» des ♂ begleitet; Eier in Boden abgelegt, Larven schlüpfen nach 2-3 *Wo;* unvollkommene Verwandlung.

S: VD.

Bergzikade

Cicadetta montana Scopoli

K: 16–20 mm; Flügel gross, glasartig, Adern schwarz, am Flügelrand gelbrot, Spannweite 45–52 mm; in Ruhe Flügel dachartig über Körper.
Ss: Kl Insekten *Hexapoda, O* Gleichflügler *Homoptera, UO Cicadina, Fa* Singzikaden *Cicadidae* mit etwa 12 Arten in *CH.*
L: Warme, trockene Wiesen.
N: Pflanzensaft.
Lw: Flugzeit Mai, Juni; ♂♂ erzeugen mit Schallmembran am 1. Hinterleibsegment charakteristischen schrillenden Gesang, der ohne Unterbrechung ertönt: Prinzip sehr rascher Bewegung zweier eindrückbarer Blechdeckel; überwintert als Larve.
F: ♀ sticht Eier in verholztes Gewebe von Kräutern und Sträuchern, Larven fallen auf Boden, graben sich ein und saugen an Wurzeln; unvollkommene Verwandlung mit 5 Larvenstadien.
S: VD.

Laufkäfer, Körnerwanze

Carabus cancellatus Illiger

K: 18–32 mm; metallisch grün bis kupferfarben; 1. Fühlerglied rot; auf Bild in Winterruhe unter Baumrinde.
Ss: Kl Insekten *Hexapoda, O* Käfer *Coleoptera, UO Adephaga, Fa Carabidae* mit über 500 Arten in *CH.*
L: Wiesen, Waldrand, Äcker, Gärten.
N: Insekten, Würmer, Weichtiere, auch Aas.
Lw: Nachtaktiv; Juni–September; Bodenlaufjäger; überwintert als Imago unter Moos oder in Baumstümpfen unter Rinde.
F: Eiablage in Boden, Larvenzeit 7–11 *Wo,* Puppenruhe 2–3 *Wo* in einer im Boden gelegenen Höhle; vollkommene Verwandlung; 1 Generation.
S: SH, VD.

Apollo *Parnassius apollo* (L.)

K: 34–50 mm; spärliche weisse Beschuppung, so dass Flügel durchscheinend sind, Zeichnung mit roten und schwarzen Flecken sehr variabel.
Ss: Kl Insekten *Hexapoda, O* Schmetterlinge *Lepidoptera, Fa* Ritter *Papilionidae,* in *CH* 3 Apollo-Arten.
L: Wiesen, Matten in montaner Stufe bis 1500 m ü. M.
N: Imago: Nektar; Raupe: Blätter von Fetthenne *Sedum.*
Lw: Falter tagaktiv, Raupe nachtaktiv; Flugzeit Mai–August; überwintert als Ei; junge Raupen gesellig.
F: ♀ nach Paarung mit «Begattungstasche» aus verhärtetem Sekret der Anhangdrüsen des ♂ Geschlechtsapparates; vollkommene Verwandlung; Raupe leicht behaart, schwarz mit roten Doppelflecken; Puppenruhe in Gespinst am Boden.
S: BL, SH, VD.

Kleiner Ampfer- *Palaeochrysophanus*
feuerfalter *hippothoe* (L.)

K: 16–19 mm; auf Bild ♂ mit tief rotgoldener Flügeloberseite und violettem Schiller; ♀ ohne Schiller, orange mit braunen Flecken.
Ss: Kl Insekten *Hexapoda,* O Schmetterlinge *Lepidoptera, Fa* Bläulinge *Lycaenidae* mit etwa 45 Arten in *CH.*
L: Feuchte Wiesen bis 1000 m ü. M.

N: Falter Nektar, Larve Blätter von Ampfer *Rumex,* Schlangenknöterich *Polygonum bistorta.*
Lw: Falter tagaktiv; Flugzeit Mai–August; 1 Generation; überwintert als Raupe.
F: Vollkommene Verwandlung; Raupe grün, asselförmig mit kurzen Haaren; Puppe gerundet.
S; VD.

Trockenmauer

Die sechs andern, aus der Fülle von Lebensräumen herausgegriffenen Beispiele behandeln eigentliche Biotope. In ihnen finden die daran angepassten Arten die für ihr Leben nötigen Bedingungen voll erfüllt. Auch eine Trockenmauer kann Lebensraum in diesem Sinne sein. So besiedelt die Mauerrauten-Gesellschaft, die von Kalkfelsen stammt, die Ritzen von Mauern. Für viele Tierarten stellen aber Trockenmauern, Lesesteinhaufen und Blockwälle eine Art Einrichtungsgegenstand dar, den sie als Heim, Unterschlupf, Wiege für ihre Brut, Ausguck oder Sonnenplatz benützen. Mit dem Beispiel wollen wir in Erinnerung rufen, dass der Lebensraum zwar in erster Linie die Bedingungen für Ernährung und Fortpflanzung erfüllen muss, dass daneben aber noch weitere Bedürfnisse bestehen.

Die moderne, mechanisierte Landnutzung führt nicht nur zu einer an Arten verarmten Landschaft. Ebenso einschneidend wirkt das Wegräumen und Ausgleichen der die Landschaft gestaltenden Reliefunterschiede. Nicht umsonst sprechen wir von einer ausgeräumten Landschaft.

Die ehemalige Kulturlandschaft war reich an derartigen Elementen. Die versteckreichen Trockenmauern weichen mehr und mehr fugenlosen Betonmauern. Lesesteinhaufen, Stufenraine, Weidgräben und andere Reliefformen werden ausgeglichen und planiert. Dadurch verschwinden nicht nur Verstecke, sondern ein für das Mikroklima wirksamer Formenschatz der traditionellen Kulturlandschaft.

Trockenmauern und Lesesteinhaufen sind die klassischen Aufenthaltsorte von Mauer- und Zauneidechse. Mauswiesel, Hermelin sowie Kleinsäuger finden darin günstige Verstecke.

Steinschmätzer, Hausrotschwanz und andere Felsnischenbrüter nisten darin. Trockenmauern bieten günstige Nistplätze für eine grosse Zahl wärmeliebender Hautflügler wie Wildbienen, Faltenwespen, Grabwespen, Töpferwespen. Andere Insekten suchen ein sicheres Winterquartier in den Ritzen einer Trockenmauer. Am regengeschützten Fuss liegen die Trichter von Ameisenlöwen. Meist schliesst sich an die Trockenmauer oder an den Lesesteinhaufen ein kleiner Streifen von Ruderalflora an, der seinerseits eine zusätzliche Bereicherung bringt. Wer sich dieser Sachlage bewusst wird, kann oft mit geringem Aufwand mithelfen, den Rückgang interessanter Kleintiere aufzuhalten.

Grosse Töpferwespe *Eumenes unguiculatus* Villers

K: ♀ bis 20–30 mm, ♂ kleiner; langer Hinterleibsstiel mit glockenförmigem Hinterleibsende; wespenartig gelb, schwarz, braun gezeichnet.
Ss: O Hautflügler *Hymenoptera*, UO *Apocrita*, UeFa Faltenwespen *Vespoidea*, Fa Glockenwespen *Eumenidae*.
N: Imago: Nektar; Larve: Raupen von Eulen, Spannern.
Lw: Tagaktiv; ♀ baut Nest an Fels oder grossen Stein; für eine Zelle etwa 10 Mörtelladungen aus Sand und Speichel; heftet Ei an Decke der urnenförmigen Zelle; Eintragen gelähmter Raupen als lebende Konserven für Larve; zu unbefruchtetem Ei (wird ♂) 1–2 Raupen, zu befruchtetem Ei (wird ♀) 2–3 Raupen; anschliessend Verschluss der Zelle, etwa 10 Zellen miteinander verbunden.
S: VD.

Ameisenjungfer (= Ameisenlöwe)

Myrmeleon formicarius L.

K: Imago (Ameisenjungfer) 63–75 mm; Flügelspannweite 66–84 mm; libellenähnlich mit kurzen, gekeulten Fühlern; auf Bild Larve (Ameisenlöwe) 10–12 mm.
Ss: Kl Insekten *Hexapoda, O* Echte Netzflügler *Planipennia (Neuroptera), Fa Myrmeleonidae* mit 6 Arten in *CH.*
L: Trockene Gebiete mit lockerem Sandboden; Larventrichter unter überhängenden Steinen, Mauern, Böschungen.

N: Andere Insekten, Larve vor allem Ameisen.
Lw: Imago dämmerungsaktiv; Flugzeit Juli–August; Larve baut in lockern Sand Trichter, Beute wird mit grossen Kieferzangen gepackt, ausgesaugt; überwintert als Larve.
F: Eier auf Sandboden abgelegt; vollkommene Verwandlung; Larvenzeit 2 Jahre.
S: SH, VD.

Zitronenfalter *Gonepterix rhamni* (L.)

K: 27–30 mm, Flügelspannweite 55–60 mm; ♂ intensiv gelb, ♀ grünlich-weiss.
Ss: Kl Insekten *Hexapoda*, *O* Schmetterlinge *Lepidoptera*, *Fa* Weisslinge *Pieridae* mit etwa 15 Arten in *CH*.
L: Offenes Wald- und Buschgelände bis über 2000 m ü. M.
N: Imago: Nektar; Larve: Blätter des Faulbaums *Rhamnus*.

Lw: Tagaktiv; Falter schlüpft im Juli aus Gürtelpuppe, geht nach einigen *T* in Sommerruhe, fliegt wieder ab August; Winterruhe unter Laub, in Mauerritzen, fliegt im Frühling als einer der ersten Schmetterlinge.
F: Pz Frühling, ♀ legt Eier an *Rhamnus*-Knospen; Raupe grün mit hellen Seitenstreifen; vollkommene Verwandlung.
S: VD.

Der gesetzliche Artenschutz

Schutzgrundsätze

In diesem Abschnitt ist vom gesetzlichen Artenschutz die Rede. Bevor jedoch die gesetzlichen Bestimmungen, die im Bund und in den Kantonen den Artenschutz festlegen, näher beleuchtet werden, soll einleitend der «Schutz» erklärt werden, wie er im Zusammenhang mit dem Artenschutz zu verstehen ist.

Zunächst enthält der Begriff «Schutz» zwei Elemente: Abwehr von Gefahren und Erhaltung oder gar Pflege des Lebensraumes, in dem sich das Objekt aufhält. Das erste Element, die Abwehr von Gefahren, erfordert Schutzvorschriften, die jede mögliche Bedrohung des zu schützenden Lebewesens ausschliessen und die Gefahr mittelbarer und unmittelbarer Vernichtung durch den Menschen zu bannen vermögen. Das zweite Element dagegen erfordert Schutzvorschriften, die eine Einrichtung oder Organisation zur Erhaltung der schützenswerten Lebewesen schaffen, wie dies beispielsweise zur Erhaltung und Pflege des schweizerischen Nationalparkes im Kanton Graubünden der Fall war.

Obwohl Artikel 18 des Bundesgesetzes (BG) vom 1. Juli 1966 über den Natur- und Heimatschutz deutlich auf die Notwendigkeit des Biotopschutzes hinweist und *Burckhardt* im ersten Teil dieses Buches den Artenschutz in Frage stellt, sofern nicht zugleich das Biotop der Art geschützt wird, behandelt der hier darzustellende Artenschutz deshalb nur das Element der Gefahrenabwehr, weil die rechtliche Ausgestaltung des Biotopschutzes den Kantonen und vor allem den Gemeinden obliegt.

Internationale Schutzvorschriften

Die Bedeutung des Artenschutzes über die Landesgrenzen hinaus ist insofern anerkannt, als bereits zahlreiche internationale Übereinkommen die Vertragsstaaten zum Schutz von Tier- und Pflanzenarten verpflichten.

Von besonderem Interesse ist in diesem Zusammenhang

das Übereinkommen über den internationalen Handel mit gefährdeten Arten freilebender Tiere und Pflanzen, das 1973 in Washington abgeschlossen worden ist und dem bis April 1979 51 Staaten beigetreten sind (*Emonds*, 1979). Dieses Übereinkommen verpflichtet die Mitgliederstaaten, den Handel mit Tier- und Pflanzenarten, die in ihrem Bestand bedroht sind, zu kontrollieren oder gar zu unterbinden.

An der 3. Europäischen Minister-Konferenz für Umweltschutz in Bern unterzeichneten Belgien, die Bundesrepublik Deutschland, Dänemark, Finnland, Frankreich, Griechenland, Irland, Italien, Liechtenstein, Luxemburg, die Niederlande, Norwegen, Österreich, Portugal, Schweden, die Schweiz, Spanien, die Türkei und das Vereinigte Königreich 1979 eine Konvention «zum Schutz wildwachsender Pflanzen und wildlebender Tiere und ihrer Lebensräume». Mit dieser Konvention sollen in Europa 119 vom Aussterben bedrohte Pflanzenarten und rund 400 Tiergattungen und -arten sowie deren Lebensräume unter Schutz gestellt werden. Ein bemerkenswerter Fortschritt im Schutzbestreben ist zudem die Förderung systematischer Forschungsarbeiten sowie die Anwendung ihrer Ergebnisse auf den Schutz der Natur.

Nationale Schutzvorschriften

Ohne vorerst auf Bestimmungen in Vorschriften einzugehen, die nur mittelbare Auswirkungen auf den Artenschutz haben (etwa im BG vom 11. Oktober 1902 betreffend die eidgenössische Oberaufsicht über die Forstpolizei, oder im BG vom 8. Oktober 1971 über den Schutz der Gewässer gegen Verunreinigung), sind die Schutzvorschriften, die für die ganze Schweiz gelten und unmittelbare Artenschutzvorschriften sind, in drei Bundesgesetzen und den dazugehörenden Verordnungen vereinigt, nämlich im recht alten BG vom 10. Juni 1925 über Jagd und Vogelschutz (JVG), im BG vom 1. Juli 1966 über den Natur- und Heimatschutz (NHG) sowie im jungen BG vom 14. Dezember 1973 über die Fischerei (FG). Die entsprechenden Verordnungen datieren für das JVG vom 7. Juni 1971, für das NHG vom 27. Dezember 1966 und für das FG vom 8. Dezember 1975.[1])

1) Wer sich für die Einzelheiten und die Änderungen dieser Erlasse interessiert, findet im jeweils aktuellsten Inhaltsverzeichnis der «Sammlung der eidgenössischen Gesetze» und der «Systematischen Sammlung des Bundesrechts» (Vertrieb: Eidgenössische Drucksachen- und Materialzentrale, 3000 Bern) die Fundstellen aufgeführt.

Unserer Rechtsordnung entsprechend bilden diese Bundesgesetze den Rahmen für alle kantonalen Erlasse im Bereich des Artenschutzes sowie der Jagd und Fischerei. Das bedeutet, dass kein Kanton den Schutz einer Art, welche nach Bundesrecht geschützt ist, für sein Gebiet aufheben darf. Hingegen ist es jedem Kanton freigestellt, mehr Arten als die bundesrechtlich geschützten unter Schutz zu stellen. Die Artenschutztabelle auf Seite 204 ff. gibt über die Situation gerade dieser Schutzerweiterung Auskunft. Die Kantone haben sowohl gestützt auf das JVG als auch das NHG und FG eigene Erlasse (Gesetze, Verordnungen, Regierungsratsbeschlüsse usw.) in Kraft gesetzt, um den Artenschutz für ihr Gebiet vorzuschreiben. Es würde den Rahmen dieses Abschnittes sprengen, wenn hier die weit über hundert kantonalen Erlasse aufgelistet würden, dagegen sei auf die Zusammenfassung bei *Wildermuth* (1980) S. 278 ff. hingewiesen.

Der bundesrechtliche Artenschutz
Theoretisch bilden die kantonalen und vor allem die kommunalen Raumplanungen die gesetzlichen Grundlagen für den mittelbaren Artenschutz, den Biotopschutz. Der befristete Bundesbeschluss vom 17. März 1972 über dringliche Massnahmen auf dem Gebiete der Raumplanung setzte lediglich den Rahmen für die kantonale und kommunale Tätigkeit. Erst mit dem am 1. Januar 1980 in Kraft getretenen Bundesgesetz über die Raumplanung sollen mit Massnahmen der Raumplanung insbesondere die natürlichen Lebensgrundlagen wie Boden, Luft, Wasser, Wald und die Landschaft geschützt werden, so dass der neue Rahmen für die kantonale und kommunale Raumplanung der Forderung nach Biotoperhaltung mehr Nachdruck verleiht.

Unter dem Titel: «Schutz von Tier- und Pflanzenarten» fordert Artikel 18 NHG, dass dem Aussterben einheimischer Tier- und Pflanzenarten durch die Erhaltung genügend grosser Lebensräume (Biotope) und andere geeignete Massnahmen entgegenzuwirken sei. Diese fundamentale Forderung ergänzt Absatz 2, der die Schädlingsbekämpfer verpflichtet, darauf zu achten, dass schützenswerte Tier- und Pflanzenarten nicht gefährdet werden. Besonders umfassend regelt Artikel 20 NHG den Schutz «bestimmter bedrohter oder sonst schützenswerter Tierarten», indem er den Bundesrat ermächtigt, entsprechende Massnahmen zu treffen. Diese unmittelbaren Schutzgrundsätze ergänzen Vorschriften, die das Fangen freilebender Tiere zu Erwerbszwecken unter die Bewilligungspflicht durch die zuständige kantonale Behörde stellen. Damit erreicht der Gesetzgeber, dass selbst «ungeschützte» Tiere wie beispielsweise die meisten Schmetterlinge der gewerbsmässigen Verwertung nur dann zugeführt werden dürfen, wenn vorgängig eine kantonale Behörde das Fangen bewilligt hat. Von mittelbarer Bedeutung für den Artenschutz ist schliesslich die Vorschrift des Artikels 23 NHG, der das Ansiedeln landes- und standortfremder Tierarten nur mit bundesrätlicher Bewilligung zulässt.

Bedeutend konkreter wird der Artenschutz durch die Artikel 23 und 24 der Verordnung zum NHG. Für den Tierartenschutz bedeutsam ist Artikel 24, Absatz 2, der verbietet, dass Tiere der geschützten Arten mutwillig oder zum Zwecke der Verfütterung oder des Erwerbs getötet oder zum Zwecke der Aneignung gefangen werden dürfen. Ferner dürfen weder die Eier, Larven, Puppen, Nester oder Brutstätten der geschützten Arten beschädigt, zerstört oder zum Zwecke der Aneignung weggenommen werden. Die geschützten Arten dürfen weder lebend noch tot, einschliesslich der Eier, Larven, Puppen und Nester mitgeführt, versandt, feilgehalten, ausgeführt, andern überlassen, erworben, in Gewahrsam genommen noch darf bei solchen Handlungen mitgewirkt werden.

Diese Bestimmung ist sehr komplex und soll deshalb etwas erläutert werden. Die Schutzbestimmung verletzt zunächst, wer mutwillig oder mit der Absicht, das geschützte Tier später zu verfüttern oder um sich zu bereichern, tötet. Mutwillig handelt, wer aus Übermut oder boshafter Absicht – zumindest ohne anerkennenswerten Beweggrund – tötet. Weiter kann diese Artenschutzvorschrift nur verletzen, wer weiss, dass er etwas Verbotenes tut und den verbotenen Erfolg auch will. So verletzt derjenige, welcher unabsichtlich eine Kröte überfährt, die Artenschutzbestimmung nicht, obwohl dadurch ein geschütztes Tier getötet wird.

Die Handlungen, vor denen die Tiere geschützt werden sollen, sind einerseits das Fangen und Töten und andererseits das Mitführen, Versenden, Feilhalten, Ausführen, Erwerben usw. Tatbestandsmässig handelt aber nur, wer geschützte Tiere fängt oder tötet, um sie zu behalten und zu verwerten. Unabhängig davon, ob jemand selber geschützte Tiere fängt oder tötet, verletzt auch derjenige diese Bestimmung, der in einem späteren Zeitpunkt, also an zweiter oder weiterer Stelle, geschützte tote oder lebendige Tiere mit sich führt, zur Post bringt, um sie zu verschicken, auf einem Markt oder anderswo zum Verkauf anbietet, über die Landesgrenzen bringt oder bringen lässt, solche Tiere kauft oder sich schenken lässt, sie weitergibt oder bei sich aufbewahrt. Diese Bestimmung verletzt aber auch, wer bei all diesen Handlungen mithilft. Ohne hier weiter in Einzelheiten einzudringen, ist dem Artikel 24 der Verordnung eine abschliessende Liste der geschützten Tierarten angefügt, so dass die Schutzobjekte mehr oder weniger klar bezeichnet sind.[2])

Während die nach NHG geschützten Tierarten einen nach menschlichem Ermessen umfassenden Schutz geniessen, sind die Tierarten, die im Jagd- oder Fischereirecht aufgeführt sind, nicht mehr so umfassend geschützt. Dennoch ist der Schutz auch für die nach JVG geschützten Arten so gut, dass sich der Mangel an Schutz nur im Bereich der mittelbaren Schutzbestimmungen auswirkt.

Der jagdrechtliche Artenschutz wird für die Schweiz verbindlich durch Artikel 4 JVG bestimmt, der wiederum den Rahmen für den Mindestschutz festlegt. Der jagdrechtliche Schutzinhalt muss dagegen verschiedenen Artikeln des JVG entnommen werden und lässt sich etwa so zusammenfassen:

Die in Artikel 4 JVG genannten Tiere dürfen weder gejagt, erlegt, eingefangen noch gefangengehalten werden. Die Eier und Jungvögel aus Adlerhorsten oder Uhunestern dürfen nicht feilgeboten, veräussert oder erworben werden. Das gleiche gilt für geschützte und nicht geschützte Vogelarten, sofern nicht eine Berechtigung vorliegt. Aber auch die Nester geschützter und nicht geschützter Vogelarten dürfen während der Brutzeit nicht zerstört werden. Ferner dürfen geschützte Vögel oder deren Bälge oder Federn weder eingeführt, ausgeführt, durchgeführt, transportiert, feilgeboten, veräussert noch erworben werden (Art. 39 ff. JVG). Der jagdrechtliche Artenschutz steht im unmittelbaren Bereich offensichtlich dem naturschutzrechtlichen sehr nahe, was auch dem Hinweis in Artikel 24 der Verordnung zum NHG entnommen werden kann, wonach Tiere im Sinne des NHG zusätzlich zu den im JVG genannten geschützt sein sollen.

Wie verhält es sich jedoch mit den jagdbaren Tierarten? Auch diese Tierarten geniessen einen eingeschränkten Schutz, der sich zum einen daraus ableiten lässt, dass nur Jagdberechtigte – allemal ein kleiner Teil der Bevölkerung – jagen dürfen,

---

2) Die letzte Klarheit wird deshalb vermisst, weil die Gruppe der Roten Waldameise auch nach den zeitgemässen Kenntnissen und Meinungen der Myrmekologen keine sicher definierbare Gruppe darstellt. (*Gfeller*, 1979).

und zum andern darin besteht, dass entweder die Jagddauer oder die Jagdbezirke begrenzt sind und einer absoluten Bejagung entgegenstehen. Grundsätzlich können die Kantone die Jagd auf ihrem Hoheitsgebiet nach den Regeln der Patent- oder Pachtjagd durchführen. Für Kantone, die ihr Regal nach Regeln der Pachtjagd abgeben, dürfen gejagt werden (Art. 8 JVG):

a) Wildschweine, verwilderte Hauskatzen, Rabenkrähen, Elstern, Eichelhäher, Haus- und Feldsperlinge das ganze Jahr;
b) Füchse während 8½ Monaten;
c) Dachse und Rehböcke während 7 Monaten;
d) Wölfe, Edelmarder, Steinmarder, Iltisse, Wiesel, Hermeline, Eichhörnchen, Kolkraben, Saat- und Nebelkrähen während 6½ Monaten;
e) Wilde Gänse und Enten, Sägetaucher, sämtliche Seetaucher- und Steissfussarten, Blässhühner und Kormorane während 5½ Monaten;
f) Gemsböcke während 4½ Monaten;
g) Sikawild, Wald-, Doppel- und Zwergschnepfen sowie Bekassine, Ringel- und Hohltauben während 4 Monaten;
h) Rot-, Dam- und Gemswild, Birkhähne sowie Rackelhühner während 3½ Monaten;
i) Rehwild, Hasen und wilde Kaninchen sowie Rebhühner, Steinhühner, Schneehühner und Wachteln während 3 Monaten; und
k) Fasane und Murmeltiere während 1½ Monaten.

Demgegenüber sind die Jagdzeiten für Kantone, die ihr Regal nach Regeln der Patentjagd abgeben (Art. 7 JVG), so angesetzt, dass die Jagd auf alles Wild mit Ausnahme der Hirsche, Rehe, Gemsen und Murmeltiere höchstens 3 Monate dauern darf. Rehwild darf nur während 6 Wochen und Hirsch- und Gemswild sowie Murmeltiere nur 3 Wochen im Jahr bejagt werden.

Neben die persönliche und zeitliche Begrenzung tritt als weiteres Schutzelement die örtliche Jagdberechtigung. Während die Pachtjagd darauf beruht, dass der Jagdberechtigte nur in einem begrenzten Gebiet jagdbare Tiere während festgesetzten Zeiten jagen darf, ist es dem Patentjäger grundsätzlich nicht verwehrt, im Kanton überall dort zu jagen, wo Wild ist. Diese Möglichkeit schränkt Artikel 12 JVG insofern ein, als die Jagd ohne Bewilligung des Besitzers in Gebäuden und deren nächster Umgebung, in Baumschulen, Park- und Gartenanlagen sowie bis nach beendigter Ernte in Weinbergen, Obstgärten und Gemüsepflanzungen nicht ausgeübt werden darf. Absolutes Jagdverbot gilt verständlicherweise für alle Friedhöfe. Darüber hinaus verpflichtet Artikel 15 JVG die Kantone mit Patentsystem zum Schutze des Wildes Bannbezirke von angemessener Ausdehnung auszuscheiden, so dass in jedem Kanton Gebiete bezeichnet sind, in denen nicht gejagt werden darf.

Ein Jagdvergehen begeht nicht nur, wer jagdbares Wild erlegt, ohne zur Jagd berechtigt zu sein, als Jagdberechtigter ausserhalb der Jagdzeit jagt oder als Jagdberechtigter innerhalb der Jagdzeit nicht jagdbares Wild erlegt, sondern auch, wer mit gefährlichen oder untauglichen Waffen jagt (Art. 43 Ziffer 4: «..., mehr als zweischüssige automatische Waffen, Repetierschrotwaffen, Schrotflinten mit grösserem Kaliber als 12, Luftgewehre, Flobert- und Kleinkalibergewehre...»), wer Selbstschüsse anlegt, explodierende Geschosse, Sprengstoffe oder Gift zu Jagdzwecken verwendet (Art. 43 Ziffer 1 JVG), und wer mit Schlingen, Drahtschnüren, Netzen oder widerrechtlich mit Fallen Wild fängt (Art. 43 Ziffer 2 JVG).

Dem Umstand, dass gewisse Tierarten örtlich zu einer Plage werden können und deshalb lokale Populationen reduziert werden müssen, tragen die Artikel 30 und 31 JVG Rechnung. Handelt es sich bei den Schadenstiftern um Vierbeiner, kann die zuständige Kantonsbehörde Jagdberechtigten entweder die Verfolgung erlauben oder gar anordnen, dass die Schadenstifter erlegt werden (Art. 30 JVG). Die Kantone sind sodann befugt, «den Abschuss von Rabenkrähen, Elstern, Eichelhähern, Haus- und Feldsperlingen unbeschränkt zu gestatten». (Art. 31 Abs. 1 JVG). Ort und Zeit der kantonalen Abschussfreigabe ist bei Wildtauben, verwilderten Haustauben, Drosseln, Staren und Amseln insofern beschränkt, als nur in der Zeit, in der diese Vögel Schaden anrichten können, und nur in den Weinbergen, Obst- und Gemüsegärten, Beerenpflanzungen sowie Getreide- und Saatfeldern regulierend eingegriffen werden darf (Art. 31 Abs. 2 JVG). Die Kantone sind ferner berechtigt, den Abschuss der Bussarde, Habichte und Sperber freizugeben, die in der nächsten Umgebung von Wohn- und Geschäftsgebäuden Schaden stiften (Art. 31 Abs. 3 JVG). Im Gegensatz zu den Vierbeinern, die nur von Jagdberechtigten erlegt werden dürfen, darf schadenstiftende Vögel erlegen, wer das 18. Lebensjahr zurückgelegt hat (Art. 31 Abs. 5).

Analog zum jagdrechtlichen Schutz bieten das BG über die Fischerei (FG) und seine Verordnung keinen absoluten

Schutz für die Fisch- und Krebsarten unserer Gewässer. Fische und Krebse sind aber nicht *vogelfrei*, sondern dürfen nur wie bei der Jagd mit entsprechenden Bewilligungen und den für den Fang erlaubten Mitteln erbeutet werden. Die Kantone regeln das System (Patent-, Pachtsystem, Freiangelei). Ähnlich wie das jagdbare Wild geniessen gewisse Fischarten sowie die Krebse Schonzeiten. Diese dauern *mindestens* für Forellen in fliessenden Gewässern 16 Wochen, in stehenden Gewässern 12 Wochen, für Seesaibling 8 Wochen, Bachsaibling 16 Wochen, Kanadische Seeforelle 12 Wochen, Äsche 10 Wochen, Felchen 6 Wochen, Hecht 8 Wochen, Zander 6 Wochen, Krebse 40 Wochen. Der Bund legt auch Fangmindestmasse fest. Diese betragen für Forellen in fliessenden Gewässern und Stauhaltungen 22 cm, in stehenden Gewässern unter 800 m ü.M. 35 cm, in stehenden Gewässern auf 800 m ü.M. und darüber 22 cm, Seesaibling und Bachsaibling 22 cm, Kanadische Seeforelle unter 800 m ü.M. 35 cm, in 800 m ü.M. und darüber 30 cm, Äsche 28 cm, Felchen 25 cm, Hecht 45 cm, Zander 40 cm, Barsch 15 cm, Aal 50 cm, Edelkrebs 12 cm, Dohlenkrebs 10 cm, Steinkrebs 7 cm.

Zwar bezweckt das FG (Art. 2) vor allem, die Fischereigewässer zu erhalten, zu verbessern oder nach Möglichkeit wieder herzustellen und sie vor schädlichen Einwirkungen zu schützen, einen eigentlichen Fischartenschutz gibt es jedoch nicht. Soweit der Bund die Aufzucht, das Aussetzen und Anreichern begehrter Fischarten fördert, sind Parallelen zu unserer Nutztierhaltung unverkennbar.

Die wichtigsten kantonalen Schutzvorschriften

Im Rahmen der bundesrechtlichen Gesetze ist es weitgehend Sache der Kantone, den Artenschutz sowohl im naturschutzrechtlichen als auch im jagd- und fischereirechtlichen Bereich zu regeln und möglichst auszubauen. Den derzeitigen Stand (Ende 1979) im Artenschutz zeigt die Artenschutztabelle auf Seite 204, so dass hier nur auf hervorragende kantonale Vorschriften hingewiesen wird. Ein Pionier in bezug auf den unmittelbaren Artenschutz ist der Kanton Schaffhausen, der schon 1946 eine Naturschutzverordnung[3] erlassen hat.

Dabei ist zwar die Erkenntnis beachtenswert, dass auch aus der Klasse der Insekten schützenswerte Arten zu verzeich-

---

[3] Verordnung vom 21. Mai 1946 des Regierungsrates des Kantons Schaffhausen über Naturschutz

nen sind (bis heute ist auf Bundesebene nur die Gruppe der Roten Waldameise geschützt), jedoch kann gerade diese Klasse nur dann sinnvoll geschützt werden, wenn die entsprechenden Biotope erhalten bleiben. Dem Beispiel des Kantons Schaffhausen folgten in bescheidenerem Ausmass, soweit dies geschützte Insekten betrifft, 1967 der Kanton Baselland und mit starker Betonung der Schmetterlingsordnung 1969 der Kanton Thurgau.

Die für schweizerische Verhältnisse weitaus fortschrittlichste Artenschutzgesetzgebung weisen die beiden Kantone Genf und Waadt auf. Mit dem Gesetz vom 30. März 1973 über die Fauna[4]) schuf der Kanton Waadt eine Ordnung, welche generell auf die herkömmliche Einteilung in jagdbare und nicht jagdbare Tierarten verzichtet. Mit Artikel 1 setzt sich der kantonale Gesetzgeber das Ziel, durch besondere Vorschriften das Gedeihen der einheimischen Fauna sicherzustellen und das ökologische Gleichgewicht zwischen den verschiedenen Tierarten selber und ihrem Lebensraum zu gewährleisten. Der Staatsrat wird ermächtigt, die optimale Entwicklung der einheimischen Fauna und deren Ruhe sicherzustellen, einen totalen oder partiellen Schutz der Tiere durch Errichten von Reservaten anzustreben und den Gebrauch von Giften, welche die Existenz der Lebewesen gefährden können, zu beschränken oder zu verbieten. Es ist dann Sache des Landwirtschaftsdepartementes, die Aufzucht, den Fang, das Gefangenhalten oder das Töten einheimischer Tiere aller Arten zu bewilligen, wobei es solche Eingriffe nur unter der Voraussetzung bewilligen darf, dass ein wissenschaftliches, didaktisches oder hygienisches Interesse vorliegt, oder eine Überbauung geplant ist. Damit das Gleichgewicht innerhalb der einheimischen Tierwelt erhalten bleibt, verlangt Artikel 19 dieses Gesetzes über die Fauna, dass seltene Tiere zu schützen, Raubtierpopulationen anzupassen sowie Abschusspläne im Zusammenhang und in Anpassung an die Populationen der betroffenen Arten aufzustellen sind. Im Vollziehungsreglement vom 7. September 1973 zum Gesetz vom 30. Mai 1973 über die Tierwelt[5]) stellt Artikel 10 alle Arten der einheimischen Tierwelt, die nicht in den Artikeln 7, 8 und 9 erwähnt sind, unter den kantonalen Schutz. Davon ausgenommen sind einerseits die namentlich aufgeführten jagdbaren Arten (vgl. Artenschutztabelle) und

4) Loi du 30 mai 1973 sur la faune (Recueil 1973, S. 135 ff.)

5) Règlement d'éxecution du 7 septembre 1973 de la loi du 30 mai 1973 sur la faune (Recueil 1973, S. 211 ff.)

andererseits gewisse Nagetiere wie schädliche Mäuse und Ratten sowie alle Wirbellosen, die den Kulturen und sonstiger Habe einen nachweisbaren Schaden verursachen, eine ernst zu nehmende Störung für Mensch oder Haustier darstellen oder der Gesundheit gefährlich werden können.

Mit dem Gesetz vom 14. März 1975 über die Fauna[6]) ging der Kanton Genf einen konsequenten Schritt weiter als der Kanton Waadt und vereinigte nicht nur das Jagd- und Vogelschutzgesetz mit dem Naturschutzgesetz, sondern integrierte auch noch das Fischereigesetz. Nach Artikel 2 ist das Gesetz über die Fauna sowohl auf die einheimischen Wirbeltiere und Krebse ausserhalb menschlicher Behausung als auch auf die in ihrer Heimat bedrohten exotischen Wirbeltiere anwendbar. Der Staatsrat wird ermächtigt, die Anwendbarkeit dieses Gesetzes auch auf weitere Arten oder Tiergruppen der Wirbeltiere und der Wirbellosen auszudehnen. Nach Artikel 5 darf niemand, ohne dazu berechtigt zu sein, ein Tier, wie es Artikel 2 definiert, fangen und behalten oder töten. Gleichermassen geschützt sind alle Entwicklungsstadien sowie die Stellen und deren nächste Umgebung, in denen sich die Tiere fortpflanzen. Artikel 16 bestimmt sodann, dass die Jagd in allen ihren Formen auf Säugetiere und Vögel auf dem ganzen Kantonsgebiet verboten ist. Dieses Jagdverbot besteht zumindest dem Grundsatz nach, denn Artikel 17 erlaubt Ausnahmen. Danach kann der Staatsrat das Departement ermächtigen, dann regulierend in die Tierwelt einzugreifen, wenn Schaden unmittelbar droht oder schon entstanden ist. Dieses letzte Mittel darf jedoch erst ergriffen werden, wenn vorbeugende Massnahmen getroffen worden sind und eine Spezialkommission sich dazu geäussert hat.

6) Loi du 14 mars 1975 sur la faune (Vol. 9, M)

Erläuterungen zur Artenschutztabelle

Der Vorteil der besseren Übersicht jeder Tabelle geht auf Kosten der Genauigkeit. Die Kolonne CH (= Bundesrecht) bildet die artenschutzrechtliche Grundlage für alle Kantone. Kein Kanton kann eine schwächere Schutzstufe aufweisen. Dagegen können Kantone im Schutz weiter gehen als das Bundesrecht. Einige Kantone ordnen in ihren jährlichen Jagdbetriebsvorschriften, welche Tierarten geschützt sind und welche gejagt werden dürfen. Die Artenschutztabelle kann auf diese temporär gültigen Bestimmungen nicht eingehen.

Es bedeuten in der Tabelle:

keine Farbe	keine Bestimmung
🔴	geschützt
🟢	jagdbar. Was jagdbar bedeutet, vergleiche Seite 197
🔵	fischbar. Was fischbar bedeutet, vergleiche Seite 200
1)	Jungtiere geschützt
2)	Jungtiere und die sie begleitenden Muttertiere geschützt
3)	Schreitvögel: Reiher, Störche, Ibisse, Löffler
4)	Weibchen und Jungtiere im Weibchenkleid geschützt
5)	Kranichvögel: Rallen, Kraniche, Trappen
6)	Rackenvögel: Eisvogel, Bienenfresser, Blauracke, Wiedehopf
7)	Sammeln nur mit Bewilligung erlaubt

Säugetiere - *Mammalia*

Art	CH	AG	AR	AI	BL	BS	BE	FR	GE	GL
Igel *Erinaceus europaeus*	🔴	🔴	🔴	🔴	🔴	🔴	🔴	🔴	🔴	🔴
Spitzmäuse *Soricidae*					🔴				🔴	
Fledermäuse *Chiroptera*	🔴	🔴	🔴	🔴	🔴	🔴	🔴	🔴	🔴	🔴
Wildkaninchen *Oryctolagus cuniculus*	🟢	🟢	🟢	🟢	🟢	🟢	🟢	🔴	🟢	🟢
Schneehase *Lepus timidus*	🟢	🟢	🔴	🟢	🔴	🟢	🟢	🟢	🔴	🟢
Feldhase *Lepus capensis*	🟢	🟢	🟢	🟢	🟢	🟢	🟢	🟢	🟢	🟢
Eichhörnchen *Sciurus vulgaris*	🟢	🟢	🟢	🔴	🟢	🔴	🟢	🟢	🟢	🟢
Alpenmurmeltier *Marmota marmota*	🟢[1]	🟢[1]	🟢[1]	🟢[1]	🟢	🟢	🟢	🟢[1]	🟢	🟢[1]
Biber *Castor fiber*	🔴	🔴	🔴	🔴	🔴	🔴	🔴	🔴	🔴	🔴
Gartenschläfer *Eliomys quercinus*									🔴	
Siebenschläfer *Glis glis*									🔴	🔴
Haselmaus *Muscardinus avellanarius*					🔴				🔴	🔴
Bisamratte *Ondatra zibetica*									🔴	
Wolf *Canis lupus*	🟢	🟢	🟢	🟢	🟢	🟢	🟢	🟢	🟢	🟢
Rotfuchs *Vulpes vulpes*	🟢	🟢	🟢	🟢	🟢	🟢	🟢	🟢	🔴	🟢
Braunbär *Ursus arctos*	🔴	🔴	🔴	🔴	🔴	🔴	🔴	🔴	🔴	🔴
Waschbär *Procyon lotor*	🟢	🟢	🟢	🟢	🟢	🟢	🟢	🟢	🟢	🟢
Dachs *Meles meles*	🟢	🟢	🟢	🟢	🟢	🟢	🟢	🟢	🔴	🟢
Hermelin *Mustela erminea*	🟢	🟢	🟢	🟢	🔴	🟢	🟢	🟢	🔴	🟢
Mauswiesel *Mustela vulgaris*	🟢	🟢	🟢	🟢	🔴	🟢	🟢	🟢	🔴	🟢
Iltis *Mustela putorius*	🟢	🟢	🟢	🟢	🔴	🟢	🟢	🟢	🔴	🟢

GR JU LU NE NW OW SG SH SZ SO TI TG UR VD VS ZG ZH

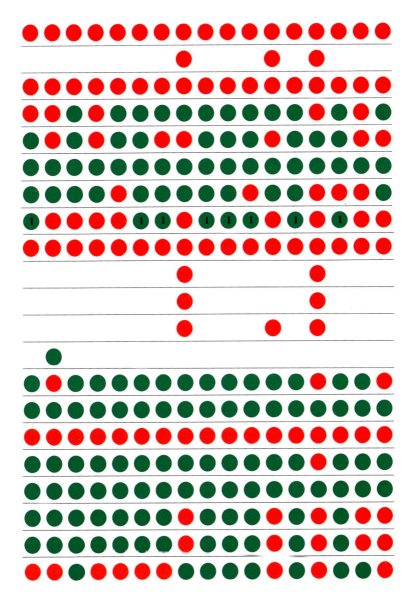

	CH	AG	AR	AI	BL	BS	BE	FR	GE	GL
Otter *Lutra lutra*	🔴	🔴	🔴	🔴	🔴	🔴	🔴	🔴	🔴	🔴
Baummarder *Martes martes*	🟢	🟢	🟢	🟢	🔴	🟢	🟢	🟢	🔴	🟢
Steinmarder *Martes foina*	🟢	🟢	🟢	🟢	🟢	🟢	🟢	🟢	🔴	🟢
Wildkatze *Felis silvestris*	🔴	🔴	🔴	🔴	🔴	🔴	🔴	🔴	🔴	🔴
Luchs *Lynx lynx*	🔴	🔴	🔴	🔴	🔴	🔴	🔴	🔴	🔴	🔴
Wildschwein *Sus scrofa*	②	②	②	②	②	②	②	②	🔴	②
Damhirsch *Dama dama*	②	②	②	②	🔴	🔴	🔴	🔴	🔴	②
Rothirsch *Cervus elaphus*	②	②	②	②	🔴	🔴	🔴	🔴	🔴	②
Sikahirsch *Cervus nippon*	②	②	②	②	🔴	🔴	🔴	🔴	🔴	②
Reh *Capreolus capreolus*	②	②	②	②	②	②	②	②	🔴	②
Alpensteinbock *Capra ibex*	🔴	🔴	🔴	🔴	🔴	🔴	🔴	🔴	🔴	🔴
Gemse *Rupicapra rupicapra*	②	🔴	②	②	🔴	🔴	②	②	🔴	②

Vögel - *Aves*

	CH	AG	AR	AI	BL	BS	BE	FR	GE	GL
Seetaucher *Gaviidae*	🟢	🟢	🟢	🟢	🔴	🟢	🔴	🟢	🟢	🟢
Haubentaucher *Podiceps cristatus*	🟢	🟢	🟢	🔴	🔴	🟢	🔴	🟢	🟢	🟢
Schwarzhalstaucher *Podiceps nigricollis*	🟢	🟢	🟢	🔴	🔴	🟢	🔴	🟢	🟢	🟢
Zwergtaucher *Podiceps ruficollis*	🟢	🟢	🟢	🟢	🔴	🟢	🔴	🟢	🟢	🟢
übrige Lappentaucher *Podicipedidae*	🟢	🟢	🟢	🟢	🟢	🟢	🟢	🟢	🟢	🟢
Sturmvögel, Sturmschwalben *Procellariiformes*	🔴	🔴	🔴	🔴	🔴	🔴	🔴	🔴	🔴	🔴
Kormoran *Phalacrocorax carbo*	🟢	🟢	🟢	🟢	🔴	🟢	🔴	🟢	🟢	🟢
übrige Ruderfüsser *Pelecaniformes*	🔴	🔴	🔴	🔴	🔴	🔴	🔴	🔴	🔴	🔴
Schreitvögel [3]) *Ciconiiformes*	🔴	🔴	🔴	🔴	🔴	🔴	🔴	🔴	🔴	🔴

GR JU LU NE NW OW SG SH SZ SO TI TG UR VD VS ZG ZH

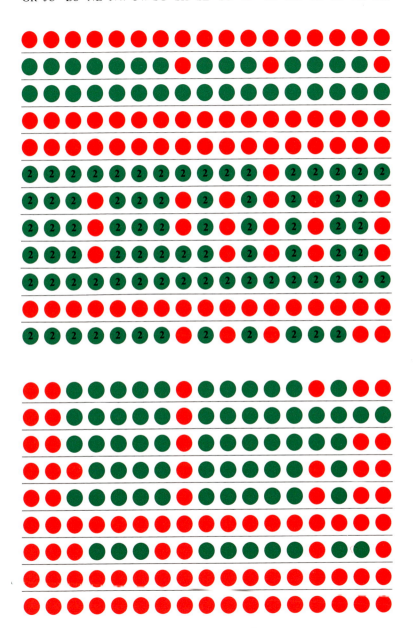

	CH	AG	AR	AI	BL	BS	BE	FR	GE	GL
Flamingos *Phoenicopteriformes*	🔴	🔴	🔴	🔴	🔴	🔴	🔴	🔴	🔴	🔴
Schwäne *Cygnus spec.*	🔴	🔴	🔴	🔴	🔴	🔴	🔴	🔴	🔴	🔴
Wildgänse *Anser, Branta, Tadorna*	🟢	🟢	🔴	🔴	🟢	🟢	🟢	🔴	🔴	🔴
Stockente *Anas platyrhynchos*	🟢	🟢	🟢	🟢	🟢	🟢	🟢	🟢	🟢	🟢
Krickente *Anas crecca*	🟢	🟢	🟢	🟢	🟢	🟢	🟢	🟢	🟢	🔴
Knäkente *Anas querquedula*	🟢	🟢	🟢	🟢	🟢	🟢	🟢	🟢	🟢	🟢
übrige Schwimmenten *Anas spec.*	🟢	🟢	🔴	🔴	🟢	🟢	🟢	🟢	🟢	🟢
Kolbenente *Netta rufina*	🔴	🔴	🔴	🔴	🔴	🔴	🔴	🔴	🔴	🔴
Tafelente *Aythya ferina*	🟢	🟢	🟢	🔴	🟢	🟢	🟢	🟢	🟢	🟢
Reiherente *Aythya fuligula*	🟢	🟢	🔴	🔴	🟢	🟢	🟢	🟢	🟢	🟢
Schellente *Bucephala clangula*	🟢	🟢	🟢	🔴	🟢	🟢	🟢	🟢	🟢	🟢
übrige Tauchenten *Aythya, Bucephala, Clangula, Melanitta, Oxyura, Somateria*	🟢	🟢	🔴	🔴	🟢	🟢	🟢	🟢	🟢	🔴
Gänsesäger *Mergus merganser*	🟢	🟢	🟢	🟢	🟢	🟢	🟢	🟢	🟢	🟢
übrige Säger *Mergus spec.*	🟢	🟢	🟢	🟢	🟢	🟢	🟢	🟢	🟢	🟢
Greifvögel *Falconiformes*	🔴	🔴	🔴	🔴	🔴	🔴	🔴	🔴	🔴	🔴
Alpenschneehuhn *Lagopus mutus*	🟢	🟢	🟢	🟢	🟢	🟢	🟢	🟢	🟢	🟢
Birkhuhn *Tetrao tetrix*	🟢 4	🟢	🟢	🟢	🟢	🟢	🟢	🟢 4	🟢	🟢 4
Auerhuhn *Tetrao urogallus*	🔴	🔴	🔴	🔴	🔴	🔴	🔴	🔴	🔴	🔴
Haselhuhn *Tetrastes bonasia*	🔴	🔴	🔴	🔴	🔴	🔴	🔴	🔴	🔴	🔴
Steinhuhn *Alectoris graeca*	🟢	🟢	🔴	🔴	🔴	🔴	🔴	🔴	🔴	🔴
Rebhuhn *Perdix perdix*	🟢	🟢	🟢	🟢	🔴	🟢	🟢	🟢	🟢	🟢

GR JU LU NE NW OW SG SH SZ SO TI TG UR VD VS ZG ZH

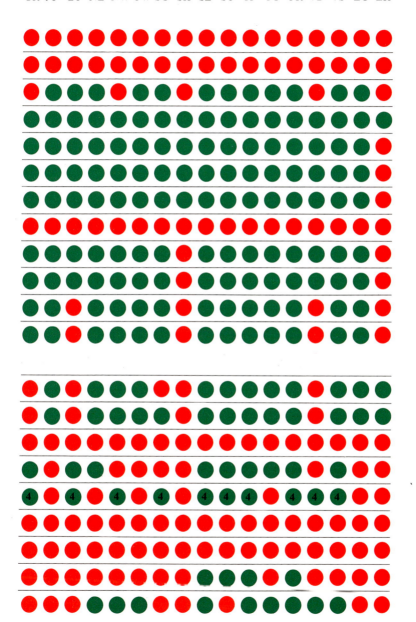

	CH	AG	AR	AI	BL	BS	BE	FR	GE	GL
Wachtel *Coturnix coturnix*	🟢	🔴	🟢	🟢	🔴	🟢	🟢	🟢	🔴	🔴
Jagdfasan *Phasianus colchicus*	🟢	🟢⁴	🟢	🟢	🔴	🟢	🟢⁴	🟢	🔴	🔴
Blässhuhn *Fulica atra*	🟢	🟢	🔴	🔴	🟢	🟢	🟢	🟢	🟢	🔴
übrige Kranichvögel ⁵⁾ *Gruiformes*	🔴	🔴	🔴	🔴	🔴	🔴	🔴	🔴	🔴	🔴
Alken *Alcidae*	🔴	🔴	🔴	🔴	🔴	🔴	🔴	🔴	🔴	🔴
Bekassine *Gallinago gallinago*	🟢	🔴	🟢	🟢	🔴	🟢	🟢	🟢	🔴	🔴
Doppelschnepfe *Gallinago media*	🟢	🔴	🔴	🔴	🔴	🟢	🔴	🟢	🔴	🔴
Zwergschnepfe *Lymnocryptes minimus*	🟢	🔴	🔴	🔴	🔴	🟢	🔴	🟢	🔴	🔴
Waldschnepfe *Scolopax rusticola*	🟢	🟢	🟢	🟢	🟢	🟢	🟢	🟢	🔴	🟢
übrige Watvögel, Möwen *Charadriiformes*	🔴	🔴	🔴	🔴	🔴	🔴	🔴	🔴	🔴	🔴
Flughühner *Pteroclidae*	🔴	🔴	🔴	🔴	🔴	🔴	🔴	🔴	🔴	🔴
Hohltaube *Columba oenas*	🟢	🔴	🔴	🔴	🔴	🟢	🔴	🔴	🔴	🟢
Ringeltaube *Columba palumbus*	🟢	🟢	🟢	🟢	🟢	🟢	🟢	🟢	🔴	🟢
Turteltaube *Streptopelia turtur*	🔴	🔴	🔴	🔴	🔴	🔴	🔴	🔴	🔴	🔴
Türkentaube *Streptopelia decaocto*	🟢	🟢	🟢	🔴	🟢	🟢	🟢	🔴	🔴	🟢
Kuckucke *Cuculidae*	🔴	🔴	🔴	🔴	🔴	🔴	🔴	🔴	🔴	🔴
Eulen *Strigidae*	🔴	🔴	🔴	🔴	🔴	🔴	🔴	🔴	🔴	🔴
Nachtschwalben *Caprimulgidae*	🔴	🔴	🔴	🔴	🔴	🔴	🔴	🔴	🔴	🔴
Segler *Apodidae*	🔴	🔴	🔴	🔴	🔴	🔴	🔴	🔴	🔴	🔴
Rackenvögel ⁶⁾ *Coraciiformes*	🔴	🔴	🔴	🔴	🔴	🔴	🔴	🔴	🔴	🔴
Spechte *Picidae*	🔴	🔴	🔴	🔴	🔴	🔴	🔴	🔴	🔴	🔴
Haussperling *Passer domesticus*	🟢	🟢	🟢	🟢	🟢	🟢	🟢	🟢	🔴	🟢

GR JU LU NE NW OW SG SH SZ SO TI TG UR VD VS ZG ZH

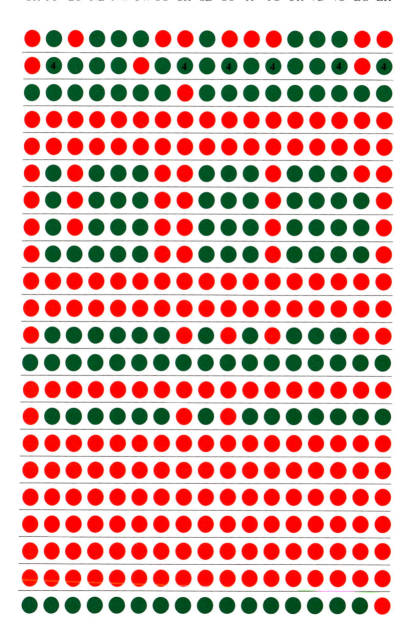

	CH	AG	AR	AI	BL	BS	BE	FR	GE	GL
Feldsperling *Passer montanus*	🟢	🟢	🟢	🟢	🟢	🟢	🟢	🟢	🔴	🟢
Eichelhäher *Garrulus glandarius*	🟢	🟢	🟢	🟢	🟢	🟢	🟢	🟢	🔴	🟢
Elster *Pica pica*	🟢	🟢	🟢	🟢	🟢	🟢	🟢	🟢	🔴	🟢
Saatkrähe *Corvus frugilegus*	🟢	🟢	🟢	🟢	🟢	🔴	🟢	🟢	🟢	🟢
Rabenkrähe *Corvus corone corone*	🟢	🟢	🟢	🟢	🟢	🟢	🟢	🟢	🟢	🟢
Nebelkrähe *Corvus corone cornix*	🟢	🔴	🔴	🔴	🔴	🔴	🔴	🔴	🔴	🔴
Kolkrabe *Corvus corax*	🔴	🟢	🟢	🟢	🔴	🟢	🟢	🟢	🟢	🟢
übrige Sperlingsvögel *Passeriformes*	🔴	🔴	🔴	🔴	🔴	🔴	🔴	🔴	🔴	🔴

Kriechtiere - *Reptilia*

	CH	AG	AR	AI	BL	BS	BE	FR	GE	GL
Schildkröten *Testudines*	🔴	🔴	🔴	🔴	🔴	🔴	🔴	🔴	🔴	🔴
Echsen *Sauria*	🔴	🔴	🔴	🔴	🔴	🔴	🔴	🔴	🔴	🔴
Schlangen *Serpentes*	🔴	🔴	🔴	🔴	🔴	🔴	🔴	🔴	🔴	🔴

Lurche - *Amphibia*

	CH	AG	AR	AI	BL	BS	BE	FR	GE	GL
Salamander, Molche *Caudata*	🔴	🔴	🔴	🔴	🔴	🔴	🔴	🔴	🔴	🔴
Frösche, Kröten *Salentia*	🔴	🔴	🔴	🔴	🔴	🔴	🔴	🔴	🔴	🔴

Fische – *Pisces*

	CH	AG	AR	AI	BL	BS	BE	FR	GE	GL
Fische *Pisces*	🔵	🔵	🔵	🔵	🔵	🔵	🔵	🔵	🔵	🔵

Gliederfüsser – *Arthropoda*

	CH	AG	AR	AI	BL	BS	BE	FR	GE	GL
Libellen *Odonata*										
Rote Waldameisen-Gruppe *Formica rufa Gruppe*	🔴	🔴	🔴	🔴	🔴	🔴	🔴	🔴	🔴	🔴
Laufkäfer *Carabidae*										
Leuchtkäfer *Lampyridae*										

GR JU LU NE NW OW SG SH SZ SO TI TG UR VD VS ZG ZH

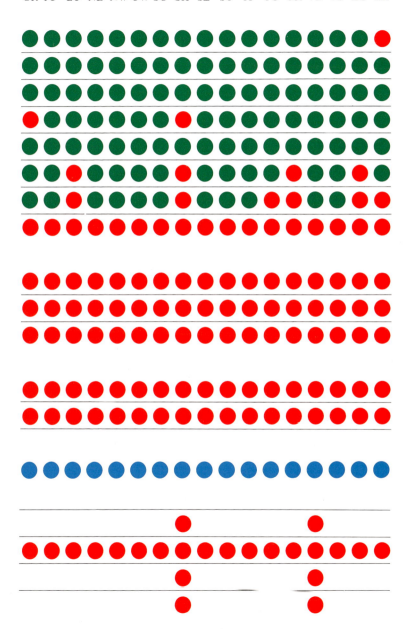

	CH	AG	AR	AI	BL	BS	BE	FR	GE	GL
Hirschkäfer *Lucanus cervus*					🔴					
Schmetterlingshafte *Ascalaphidae*										
Ameisenjungfern *Myrmeleonidae*										
Schwalbenschwanz *Papilio machaon*										
Segelfalter *Iphiclides podalirius*										
Apollofalter *Parnassius apollo*						🔴				
Schwarzer Apollo *Parnassius mnemosyne*										
Schillerfalter *Apatura spec.*										
Trauermantel *Nymphalis antiopa*										
Grosser Fuchs *Nymphalis polychloros*										
Tagpfauenauge *Inachis io*										
Admiral *Vanessa atalanta*										
Mauerfuchs *Lasiommata megera*										
Schwärmer *Sphingidae*										
Ordensbänder *Catocalinae*										
Flusskrebse *Astacidae*	🔵	🔵	🔵	🔵	🔴	🔵	🔵	🔵	🔴	🔴

Weichtiere – *Mollusca*

	CH	AG	AR	AI	BL	BS	BE	FR	GE	GL
Weinbergschnecke *Helix pomatia*					🔴	🔴	🔴	🔴		🔴
Malermuscheln *Unio spec.*										
Teichmuscheln *Anadonta spec.*										

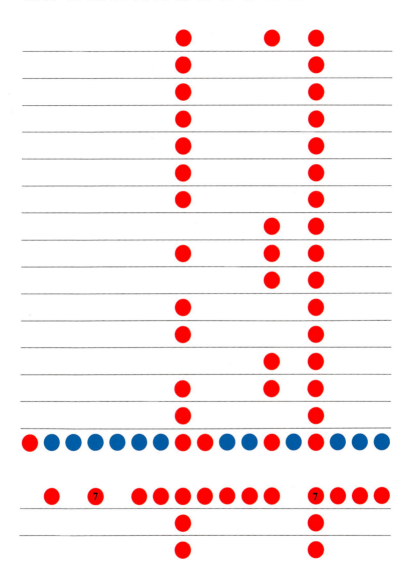

Literatur

Einführung in die Ökologie
Altenkirch, Wolfgang *(1977):* Ökologie. Studienbücher Biologie. – *Verlag Diesterweg, Halle.*
Gossow, Heinrich, *(1976):* Wildökologie. – *Bayerischer Landwirtschaftsverlag, München.*
Herre, Wolf, und Röhrs, Manfred *(1973):* Haustiere – zoologisch gesehen. – *Verlag Gustav Fischer, Stuttgart.*
Illies, Joachim *(1971):* Einführung in die Tiergeographie. Uni-Taschenbücher. – *Verlag Gustav Fischer, Stuttgart.*
Kloft, Werner J. *(1978):* Ökologie der Tiere. Uni-Taschenbücher. – *Verlag Eugen Ulmer, Stuttgart.*
Klopfer, Peter H. *(1968):* Ökologie und Verhalten. Psychologische und ethologische Aspekte der Ökologie. – *Verlag Gustav Fischer, Stuttgart.*
Leser, Hartmut *(1976):* Landschaftsökologie. Uni-Taschenbücher. – *Verlag Eugen Ulmer, Stuttgart.*
Müller, Paul *(1977):* Landschaftsökologie. Struktur, Funktion, Geschichte und Indikatorbedeutung von Arealen. Studienbücher der Geographie. – *Verlag B. G. Teubner, Stuttgart.*
Schwertfeger, Fritz *(1978):* Lehrbuch der Tierökologie. – *Verlag Paul Parey, Hamburg und Berlin.*
Tischler, Wolfgang *(1975):* Ökologie mit besonderer Berücksichtigung der Parasitologie. Wörterbücher Biologie. – *Verlag Gustav Fischer, Jena.*
Walter, Heinrich *(1973):* Vegetationszonen und Klima. Uni-Taschenbücher, 2. Aufl. – *Verlag Gustav Fischer, Stuttgart.*
Wildermuth, Hansruedi *(1980):* Natur als Aufgabe. Leitfaden für die Naturschutzpraxis in der Gemeinde. 2. Aufl. – *Verlag Schweizerischer Bund für Naturschutz, Basel.*
Winkler, Sieghard *(1973):* Einführung in die Pflanzenökologie. Uni-Taschenbücher. – *Verlag Gustav Fischer, Stuttgart.*

Bestimmungsbücher
Arnold, Edwin N., und Burton, John A. *(1979):* Pareys Reptilien- und Amphibienführer Europas. – *Verlag Paul Parey, Hamburg und Berlin.*
Brink, van den F. H. *(1975):* Die Säugetiere Europas, 3. Aufl. – *Verlag Paul Parey, Hamburg und Berlin.*
Chimney, Michael *(1973):* Insekten Mitteleuropas. – *Verlag Paul Parey, Hamburg und Berlin.*
Heinzel, Hermann, Fitter, Richard, und Parslow, John *(1977):* Pareys Vogelbuch, 2. Aufl. – *Verlag Paul Parey, Hamburg und Berlin.*
Higgins, Lionel H., und Riley, Norman D. *(1970):* Die Tagfalter Europas und Nordwestafrikas. – *Verlag Paul Parey, Hamburg und Berlin.*
Muus, B. J., und Dahlström, P. *(1967):* Süsswasserfische. – *Bayerischer Landwirtschaftsverlag, München.*
Peterson, Roger, Mountfort, Guy, und Hollom, P. A. D. *(1976):* Die Vögel Europas, 11. Aufl. – *Verlag Paul Parey, Hamburg und Berlin.*
Stresemann, Erwin *(1970):* Exkursionsfauna von Deutschland. Wirbeltiere, 5. Aufl. – *Verlag Volk und Wissen, Berlin.*
Stresemann, Erwin *(1970):* Exkursionsfauna von Deutschland. Wirbellose I, 4. Aufl. – *Verlag Volk und Wissen, Berlin.*

Stresemann, Erwin *(1978):* Exkursionsfauna von Deutschland. Insekten. Erster Halbband. Wirbellose II/1, 4. Aufl. - *Verlag Volk und Wissen, Berlin.*
Stresemann, Erwin *(1969):* Exkursionsfauna von Deutschland. Insekten. Zweiter Halbband. Wirbellose II/2. - *Verlag Volk und Wissen, Berlin.*

Rechtlicher Artenschutz

Bühler, Theodor *(1973):* Der Natur- und Heimatschutz nach Schweizer Rechten. - *Schulthess Polygraphischer Verlag, Zürich.*
Flachmann, Anton *(1977):* Völkerrechtlicher Schutz gefährdeter Tiere und Pflanzen vor übermässiger Ausbeutung durch den internationalen Handel. - *Diss. Zürich.*
Imholz, Robert *(1975):* Die Zuständigkeiten des Bundes auf dem Gebiete des Natur- und Heimatschutzes. *Schriftenreihe zur Orts-, Regional- und Landesplanung. Nr. 25. Zürich.*
Müller-Stahel, Hans-Ulrich (Herausgeber) *(1973):* Schweizerisches Umweltschutzrecht. - *Verlag Schulthess, Zürich.*
Munz, Robert *(1970):* Natur- und Heimatschutz als Aufgabe der Kantone. - *Verlag Schweizerischer Bund für Naturschutz, Basel.*
Nickel, U. (Herausgeber) *(1972):* Artenschutz. Aktuelle Probleme des Schutzes von Pflanzen und Tierarten. *Schriftenreihe für Landschaftspflege und Naturschutz. Heft 7. Bonn-Bad Godesberg.*
Rausch, Heribert *(1977):* Die Umweltschutzgesetzgebung. *Zürich.*

Im Text zitierte Literatur

Ant, Herbert *(1971):* Arten- und Biotopschutz für Insekten. *Natur und Landschaft 46, 206-209.*
Bächler, Heinz *(1919):* Die Wiedereinbürgerung des Steinwildes in den Schweizeralpen. - *Verlag Zollikofer, St. Gallen.*
Berthold, Peter *(1973):* Über starken Rückgang der Dorngrasmücke *Silvia communis* und anderer Singvogelarten im westlichen Europa. *J. Orn. 114, 348-360.*
Bezzel, Einhard *(1975):* Vogelleben. Spiegel unserer Umwelt. - *Verlag Eugen Rentsch, Erlenbach-Zürich und Stuttgart.*
Bickel, W. *(1947):* Bevölkerungsgeschichte und Bevölkerungspolitik der Schweiz seit dem Ausgang des Mittelalters. - *Büchergilde Gutenberg, Zürich.*
Blab, Josef, Nowak, Eugeniusz, und Trautmann, Werner *(1977):* Rote Liste der gefährdeten Tiere und Pflanzen in der Bundesrepublik Deutschland. - *Verlag Kilda, Greven.*
Blanchet, Maurice *(1977):* Le Castor et son royaume (Le Roman de Bièvre). Le castor du Rhône chez lui et la réintroduction en Suisse d'une espèce disparue. - *Ligue Suisse pour la Protection de la Nature, Bâle.*
Blankenhorn, H.J., Buchli, Ch., Voser, P., und Berger, Chr. *(1979):* Bericht zum Hirschproblem im Engadin und im Münstertal. - *Anzeiger-Druckerei Verlags AG, St. Gallen.*
Brand, Christopher J., Keith, Lloyd B., and Fischer, Charles A. *(1976):* Lynx responses to changing Snowshoe Hare densities in Central Alberta. *J. Wildl. Managmt. 40, 416-428.*
Broggi, Mario F. *(1977):* Artenschutz in der Schweiz. Grundlagen für den zoologischen und botanischen Artenschutz. Auftrag Nr. 245 des Eidg. Oberforstinspektorates. - *Broggi & Wolfinger AG, Büro für Umweltplanung, FL-9490 Vaduz.*
Broggi, Mario F., und Hotz, Hansjörg: Rote Liste der gefährdeten und seltenen Amphibien und Reptilien der Schweiz. Ursachen der Gefährdung und Gedanken zum Schutz der schweizerischen Amphibien- und Reptilienfauna. *Im Druck.*
Bruderer, Bruno, und Thoenen, Willy *(1977):* Rote Liste der gefährdeten und seltenen Vogelarten der Schweiz. Herausgegeben vom Schweizerischen Landeskomitee für Vogelschutz. - *Orn. Beob. Beih. zu Bd. 74.*
Buchwald, Konrad *(1971):* Landschaftspflege in einer sich wandelnden Gesellschaft: Aufgaben und Methoden. In: Leibundgut, Hans: Schutz unseres Lebensraumes (S. 134-151). - *Verlag Huber, Frauenfeld und Stuttgart.*

Bundesamt für Forstwesen *(1979)*: Jagdstatistik 1978.
Burckhardt, Dieter *(1957)*: Über das Wintersterben der Hirsche in der Umgebung des Nationalparkes. - *Schweizer Naturschutz 23, 1-5.*
Desax, Carl *(1978)*: Die Wiedereinbürgerung des Steinwildes in der Schweiz. Arbeitstagung über Steinwild, 25-35. - *Bundesamt für Forstwesen, Bern.*
Eiberle, Kurt *(1972)*: Lebensweise und Bedeutung des Luchses in der Kulturlandschaft dargestellt anhand der Ausrottungsgeschichte in der Schweiz. Mammalia depicta. - *Verlag Paul Parey, Hamburg und Berlin.*
Eisfeld, Detlef *(1978)*: Das Reh als Beutepotential des Luchses. 81-86. In: «Der Luchs. Erhaltung und Wiedereinbürgerung in Europa». - *Verlag Morsak, Grafenau.*
Emonds, Gerhard *(1979)*: Der internationale Artenschutz und seine Bedeutung für die Bundesrepublik Deutschland. - *Natur und Recht. 1, 52-56.*
Epprecht, W. *(1946)*: Die Verbreitung der Amsel, *Turdus m.merula* L., zur Brutzeit in Zürich. - *Orn. Beob. 43, 97-105.*
Erlinger, Georg, und Reichholf, Josef *(1974)*: Störungen durch Angler in Wasservogel-Schutzgebieten. - *Natur und Landschaft 49, 299-300.*
Erz, Wolfgang *(1970)*: Naturschutz im nächsten Jahrzehnt. *Natur und Landschaft. 45, 15-19.*
Ewald, Klaus C. *(1978)*: Der Landschaftswandel. Zur Veränderung schweizerischer Kulturlandschaften im 20. Jahrhundert. - *Tätber. natf. Ges. Basell. 30, 55-308.*
Freye, Hans-Albrecht, und Freye, Hedi *(1960)*: Die Hausmaus. - *Franck'sche Verlagshandlung, Stuttgart.*
Garutt, W.E. *(1964)*: Das Mammut *Mammuthus primigenius* (Blumenbach). Die neue Brehm-Bücherei. - *Franck'sche Verlagshandlung, Stuttgart.*
Gfeller, Walter *(1979)*: Natur- und Heimatschutz, insbesondere der Artenschutz in der Schweiz. *Diss. Basel.*
Glutz von Blotzheim, Urs N. *(1962)*: Die Brutvögel der Schweiz. - *Verlag Aargauer Tagblatt, Aarau.*
Göldi, Emil August *(1914)*: Die Tierwelt der Schweiz in der Gegenwart und in der Vergangenheit. - *Verlag A. Francke, Bern.*
Guyan, Walter Ulrich *(1954)*: Mensch und Urlandschaft der Schweiz. - *Büchergilde Gutenberg, Zürich.*
Haeberli, R., und Stalder, K. *(1979)*: Entwicklung der landwirtschaftlichen Nutzflächen in der Schweiz 1939-1975, aufgrund der eidgenössischen Betriebszählungen. - *Raumplanung Schweiz/Aménagement national Suisse. 2/79, 3-12, 21-27.*
Häusler, Fritz *(1967)*: Aus der Geschichte des Emmentaler Waldes. - *Schweizer Naturschutz 33, 114-123.*
Haller, Heinrich *(1978)*: Zur Populationsökologie des Uhus, *Bubo bubo* im Hochgebirge: Bestand, Bestandesentwicklung und Lebensraum in den Rätischen Alpen. - *Orn. Beob. 75, 237-265.*
Hantke, René *(1978)*: Eiszeitalter. Bd. 1 Die jüngste Erdgeschichte der Schweiz und ihrer Nachbargebiete. - *Ott Verlag AG, Thun.*
Heath, John, und Perring, Franklin *(1976)*: Biologische Dokumentation in Europa. *Schriftenreihe für Vegetationskunde. Heft 10 «Veränderungen der Flora und Fauna in der Bundesrepublik Deutschland», 49-62.*
Hell, Pavel *(1978)*: Die Situation des Karpatenluchses *(Lynx lynx orientalis,* natio *carpathicus* Krat. et Stoll 1963) in der Tschechoslowakei. In: «Der Luchs. Erhaltung und Wiedereinbürgerung in Europa», 20-36. - *Verlag Morsak, Grafenau.*
Helliwell, D.R. *(1973)*: Priorities and Values in Nature Conservation. - *J. of Env. Management 1, 85-127.*
Honegger, R.E. *(1977)*: Etude sur les amphibiens et reptiles menacés en Europe. - *Conseil de l'Europe, Strasbourg.*
Imboden, Christoph *(1976)*: Leben am Wasser. Kleine Einführung in die Lebensgemeinschaften der Feuchtgebiete. - *Verlag Schweizerischer Bund für Naturschutz, Basel.*
Jonsson, Stefan *(1978)*: Die Erhaltung des Luchses in Schweden. In: «Der Luchs. Erhaltung und Wiedereinbürgerung in Europa» (38-42). - *Verlag Morsak, Grafenau.*

Juillard, Michel, Praz, Jean-Claude, Etournaud Allain, et Baud, Pierre *(1978):* Données sur la contamination des Rapaces en Suisse romande et de leurs œufs par les biocides organochlorés, les PCB et les métaux lourds. - *Nos Oiseaux 34, 189-206.*

Kessler, Erich *(1976):* Grundlagen für die Ausscheidung von Schutzgebieten in der Schweiz. - *Natur und Landschaft 51, 143-149.*

Kissling, P. *(1979):* Die Hecke. - *Schweizer Naturschutz, Sondernummer 1979.*

Krebs, Albert, und Wildermuth, Hansruedi *(1976):* Kiesgruben als schützenswerte Lebensräume seltener Pflanzen und Tiere. - *Mitt. Naturwiss. Ges., Winterthur 35, 19-74.*

Krippendorf, Jost *(1975):* Die Landschaftsfresser. Tourismus und Erholungslandschaft - Verderben oder Segen? - *Hallwag Verlag, Bern und Stuttgart.*

Landolt, Elias *(1975):* Geschützte Pflanzen in der Schweiz, 2.Aufl. - *Verlag Schweizerischer Bund für Naturschutz, Basel.*

Leuzinger, H. *(1976):* Inventar der Schweizer Wasservogelgebiete von internationaler und nationaler Bedeutung. - *Orn. Beob. 73, 147-194.*

MacArthur, Robert H., and Wilson, Edward O. *(1967):* The theory of Island Biogeography. - *Princeton University Press Princeton, New Jersey.*

Mader, Hans-Joachim *(1979):* Die Isolationswirkung von Verkehrsstrassen auf Tierpopulationen, untersucht am Beispiel von Arthropoden und Kleinsäugern der Waldbiocönose. - *Schriftenreihe für Landschaftspflege und Naturschutz, Heft 19, Bonn Bad Godesberg.*

Märki, Hans *(1977):* Rasterkartierung als Grundlagenbereitstellung für die Raumplanung. - *Orn. Beob. 74, 104-110.*

Meise, Wilhelm *(1928):* Die Verbreitung der Aaskrähe (Formenkreis *Corvus corone* L.). - *Journ. f. Orn. 76, 1-203.*

Müller, Hans-Ulrich, Martin, Claude, und Diethelm, Peter: Vorkommen, Umweltverhältnisse, und Erhaltung des Fischotters in der Schweiz. *Im Druck.*

Müller, Werner, Schiess, Heinrich, Weber, Adrian, und Hirt, Fritz *(1977):* Das Ornithologische Inventar des Kantons Zürich 1975/76, eine Bestandesaufnahme ornithologisch wertvoller Gebiete. - *Orn. Beob. 74, 111-112.*

Naef, A., Lendi, M., und Zubler, M. *(1975):* Vademecum 1975/76. *Institut für Orts-, Regional- und Landesplanung der ETH, Zürich.*

Nellis, Carl H., and Keith, Lloyd B. *(1968):* Hunting activities and success of Lynxes in Alberta. - *J. Wildl. Managmt. 32, 718-722.*

Nellis, Carl H., Wetmore, Stephen P., and Keith, Lloyd B. *(1972):* Lynx-prey interactions in Central Alberta. - *J. Wildl. Managmt. 36, 320-329.*

Niethammer, Günther *(1963):* Die Einbürgerung von Säugetieren und Vögeln in Europa. Ergebnisse und Aussichten. - *Verlag Paul Parey, Hamburg und Berlin.*

Parslow, J.L.F. *(1974):* Oiseaux menacés. Oiseaux nécessitant une protection spéciale en Europa. - *Conseil de l'Europe, Strasbourg.*

Pauli, Hans-Rudolf *(1974):* Zur Winterökologie des Birkhuhns *Tetrao tetrix* in den Schweizer Alpen. - *Orn. Beob. 71, 247-278.*

Pauli, Hans-Rudolf *(1978):* Zur Bedeutung von Nährstoffgehalt und Verdaulichkeit der wichtigsten Nahrungspflanzen des Birkhuhns *Tetrao tetrix* in den Schweizer Alpen. - *Orn. Beob. 75, 57-84.*

Reichholf, Josef *(1973):* Die Bedeutung nicht bewirtschafteter Wiesen für Tagfalter. - *Natur und Landschaft 48, 80-81.*

Remmert, Hermann *(1979):* Grillen oder wie gross müssen Naturschutzgebiete sein? *Nationalpark Nr. 22, 6-9.*

Sauter, W. *(1974):* Der Stand der faunistischen Erforschung der Schweiz. - *Fol. Ent. Hung. 17, 265-274.*

Schiess, Heinrich *(1979):* Gedanken zum Naturschutz an Zürich- und Obersee. - *Verband zum Schutze des Landschaftsbildes am Zürichsee. 52. Jahresbericht 1978, 11-37.*

Schifferli, Alfred *(1978):* Rückstände von Pestiziden und PCB bei schweizerischen Haubentauchern *Podiceps cristatus.* - Orn. Beob. 75, 11-18.

Schifferli, Luc *(1978):* Aus dem Leben der Euten. *Ber. 1977 der Schweizerischen Vogelwarte Sempach zuhanden der «Gemeinschaft der Freunde der Vogelwarte».*

Schneider, Eberhard *(1978):* Der Feldhase. Biologie. Verhalten – Hege und Jagd. - *BLV Verlagsgesellschaft, München, Bern, Wien.*
Schroeder, Wolfgang *(1978):* Fauna in geänderter Landschaft. - *Tutzinger Studien 1/1978, 19–39.*
Schütt, Peter *(1972):* Weltwirtschaftspflanzen. Herkunft, Anbauverhältnisse, Biologie und Verwendung der wichtigsten landwirtschaftlichen Nutzpflanzen. - *Verlag Paul Parey, Hamburg und Berlin.*
Smit, C.J., et Van Wijngaarden *(1976):* Mammifères menacés en Europe. Collection sauvegarde de la nature No.10, - *Conseil de l'Europe, Strasbourg.*
Statistisches Jahrbuch der Schweiz 1978. - *Birkhäuser Verlag, Basel.*
Teagle, W.G. *(1978):* The Endless Village, The wildlife of Birmingham, Dudley, Sandwell, Walsall and Wolverhampton. - *Nature Conservancy Council, Shrewsbury.*
Thielcke, Gerhard *(1978):* Leitlinien eines Artenschutzprogramms. - *Beih. Veröff. Naturschutz Landespflege Bad.-Württ. 11, 467–477.*
Toepfer, V. (1963): Tierwelt des Eiszeitalters. - *Akademische Verlagsgesellschaft, Leipzig.*
Ullrich, Bruno *(1975):* Bestandsgefährdung von Vogelarten im Ökosystem «Streuobstwiese» unter besonderer Berücksichtigung von Steinkauz *Athene noctua* und den einheimischen Würgerarten der Gattung *Lanius.* In: *«Die gefährdeten Vogelarten Baden-Württembergs», Beih. z. Veröff. f. Natursch. u. Landschaftspfl. in Baden-Württemberg 7, 90–110.*
Veluz, S., Goeldlin, P., et Praz, Jean-Claude *(1976):* La pollution mercuriale de la faune sauvage en Suisse romande. - *Revue suisse Agric. 8, 122–129.*
Wildermuth, Hansruedi *(1974):* Naturschutz im Zürcher Oberland. Ein Beitrag zu Geschichte, Gegenwart und Zukunft der Natur im oberen Töss- und Glattal. - *Verlag AG Wetzikon/Schweizerischer Bund für Naturschutz, Basel.*
Wildermuth, Hansruedi *(1980):* Natur als Aufgabe. Leitfaden für die Naturschutzpraxis in der Gemeinde. 2.Aufl. - *Verlag Schweizerischer Bund für Naturschutz, Basel.*
Zettel, Jürg *(1975):* Nahrungsökologische Untersuchungen am Birkhuhn *Tetrao tetrix* in den Schweizer Alpen. - *Orn. Beob. 71, 186–246.*
Ziswiler, Vinzenz *(1965):* Bedrohte und ausgerottete Tiere. - *Verständliche Wissenschaft Bd.66, Verlag Springer, Berlin–Heidelberg–New York.*

Verzeichnis der abgebildeten und in der Artenschutztabelle enthaltenen Tiere

Abendsegler *38, 204*
Accipiter gentilis *69, 208*
Accipiter nisus *68, 208*
Acrocephalus arundinaceus *96, 212*
Admiral *214*
Aeskulapnatter *112, 212*
Alcedo atthis *87, 210*
Alcidae *210*
Alectoris graeca *75, 208*
Alken *210*
Alpenkrähe *101, 212*
Alpenmurmeltier *41, 204*
Alpensalamander *118, 212*
Alpenschneehuhn *208*
Alpenspitzmaus *34, 204*
Alpensteinbock *61, 206*
Alytes obstetricans *124, 212*
Ameisenjungfer *191, 214*
Ameisenjungfern *214*
Ameisenlöwe *191, 214*
Amphibia *118, 212*
Anadonta spec. *214*
Anas crecca *208*
Anas platyrhynchos *208*
Anas querquedula *208*
Anas spec. *208*
Anguis fragilis *104, 212*
Anser spec. *208*
Anthus pratensis *93, 212*
Apatura ilia *149, 214*
Apatura spec. *214*
Apodidae *210*
Apollo *186, 214*
Aquila chrysaetos *67, 208*
Ardea purpurea *63, 206*
Arthropoda *212*
Ascalaphidae *214*
Ascalaphus libelluloides *162, 214*
Aspisviper *116, 212*
Aspro asper *140, 212*
Astacidae *214*
Astacus astacus *142, 214*
Athene noctua *85, 210*
Auerhuhn *74, 208*
Aves *63, 206*
Aythya ferina *208*
Aythya fuligula *208*
Aythya spec. *208*

Bartmeise *98, 212*
Baummarder *206*
Bekassine *78, 210*
Bergeidechse *107, 212*
Bergmolch *120, 212*
Bergsandlaufkäfer *172*
Bergzikade *184*
Bernsteinschnecke *179*
Beutelmeise *99, 212*
Biber *42, 204*

Birkhuhn *208*
Bisamratte *45, 204*
Blässhuhn *210*
Blauflügel-Prachtlibelle *178, 212*
Blindschleiche *104, 212*
Blutströpfchen *163*
Bombina variegata *125, 212*
Branta spec. *208*
Braunbär *49, 204*
Braunes Langohr *37, 204*
Bruchwasserläufer *80, 210*
Bubo bubo *84, 210*
Bucephala clangula *208*
Bucephala spec. *208*
Bufo bufo *127, 212*
Bufo calamita *128, 212*
Bufo viridis *129, 212*
Buntspecht *89, 210*
Calopterix virgo *178, 212*
Candidula unifasciata *165*
Canis lupus *47, 204*
Capra ibex *61, 206*
Capreolus capreolus *60, 206*
Caprimulgus europaeus *86, 210*
Carabidae *212*
Carabus cancellatus *185, 212*
Castor fiber *42, 204*
Catocalinae *214*
Caudata *212*
Cervus elaphus *58, 206*
Cervus nippon *59, 206*
Charadriiformes *210*
Charadrius dubius *77, 210*
Chrysididae *170*
Cicadetta montana *184*
Cicindela silvicola *172*
Ciconia ciconia *65, 206*
Ciconiiformes *206*
Circaetus gallicus *72, 208*
Circus aeruginosus *71, 208*
Clangula spec. *208*
Coenagrion puella *168, 212*
Coluber viridiflavus *110, 212*
Columba oenas *83, 210*
Columba palumbus *210*
Coraciiformes *210*
Coregonus spec. *139, 212*
Coronella austriaca *111, 212*
Corvus corax *212*
Corvus corone cornix *212*
Corvus corone corone *212*
Corvus frugilegus *102, 212*
Coturnix coturnix *210*
Crocidura russula *35, 204*
Cuculidae *210*
Cygnus spec. *208*
Dachs *204*
Dama dama *206*
Damhirsch *206*
Dasypoda plumipes *171*
Dendrocopus major *89, 210*
Dolomedes fimbriatus *176*
Doppelschnepfe *210*

Drosselrohrsänger 96, 212
Dytiscus marginalis 173
Echsen 212
Edelkrebs 142, 214
Eichelhäher 212
Eichhörnchen 204
Eintagsfliege 177
Eisvogel 87, 210
Elaphe longissima 112, 212
Eliomys quercinus 43, 204
Elster 212
Emys orbicularis 103, 212
Ephemeroptera 177
Erdkröte 127, 212
Eresus niger 160
Erinaceus europaeus 33, 204
Eulen 210
Eumenes unguiculatus 190

Fadenmolch 122, 212
Falco peregrinus 73, 208
Falconiformes 208
Felchen 139, 212
Feldgrille 183
Feldhase 204
Feldsperling 212
Felis silvestris 55, 206
Feuersalamander 119, 212
Feuerwanze 146
Fische 138, 212
Flamingos 208
Flughühner 210
Flusskrebse 214
Flussregenpfeifer 77, 210
Flußseeschwalbe 82, 210
Forelle 138, 212
Formica rufa 141, 212
Frösche 212
Fulica atra 210

Galerida cristata 91, 212
Gallinago gallinago 78, 210
Gallinago media 210
Gänsesäger 208
Garrulus glandarius 212
Gartenschläfer 43, 204
Gaviidae 206
Geburtshelferkröte 124, 212
Gelbbauchunke 125, 212
Gelbrandkäfer 173
Gemse 62, 206
Gliederfüsser 212
Glis glis 204
Goldwespe 170
Gonepteryx rhamni 192
Gottesanbeterin 161
Grasfrosch 137, 212
Greifvögel 208
Grosse Töpferwespe 190
Grosser Brachvogel 79, 210
Grosser Fuchs 214
Grosses Heupferd 154
Grosshufeisennase 36, 204

Gruiformes 210
Gryllus campestris 183
Habicht 69, 208
Haselhuhn 208
Haselmaus 44, 204
Haubenlerche 91, 212
Haubentaucher 206
Haussperling 210
Hausspitzmaus 35, 204
Heideschnecke 165
Helix pomatia 143, 214
Hermelin 51, 204
Hirschkäfer 148, 214
Hohltaube 83, 210
Hosenbiene 171
Hufeisenazurjungfer 168, 212
Hyla arborea 130, 212
Igel 33, 204
Iltis 204
Inachis io 214
Iphiclides podalirius 157, 214
Italienischer Frosch 134, 212
Ixobrychus minutus 64, 206
Jagdfasan 210
Jynx torquilla 90, 210
Kammolch 121, 212
Kleiner Ampferfeuerfalter 187
Kleiner Schillerfalter 149, 214
Knäkente 208
Knoblauchkröte 126, 212
Kohlmeise 100, 212
Kolbenenten 66, 208
Kolkrabe 212
Kormoran 206
Körnerwanze (Laufkäfer) 185, 212
Krabbenspinne 180
Kranichvögel 210
Kreuzkröte 128, 212
Kreuzotter 117, 212
Krickente 208
Kriechtiere 103, 212
Kröten 212
Kuckuck 210
Lacerta agilis 105, 212
Lacerta viridis 106, 212
Lacerta vivipara 107, 212
Lagopus mutus 208
Lampra rutilans 155
Lampyridae 212
Lanius collurio 94, 212
Lanius senator 95, 212
Lappentaucher 206
Larus argentatus 81, 210
Lasiommata megera 214
Laubfrosch 130, 212
Laufkäfer 212
Laothoe populi 151, 214
Lepus capensis 204
Lepus timidus 40, 204
Leuchtkäfer 212
Libellen 212
Lindenprachtkäfer 155

Lucanus cervus *148, 214*
Luchs *56, 206*
Lurche *118, 212*
Lutra lutra *53, 206*
Lymnocryptes minimus *210*
Lynx lynx *56, 206*
Malermuscheln *214*
Mammalia *33, 204*
Mantis religiosa *161*
Marderhund *48*
Marmota marmota *41, 204*
Martes foina *54, 206*
Martes martes *206*
Mauereidechse *108, 212*
Mauerfuchs *214*
Mauswiesel *52, 204*
Melanitta spec. *208*
Meles meles *204*
Mergus merganser *208*
Mergus spec. *208*
Micromys minutus *46*
Milvus milvus *70, 208*
Misumena vatia *180*
Molche *212*
Mollusca *214*
Moorfrosch *131, 212*
Möwen *210*
Muscardinus avellanarius *44, 204*
Mustela erminea *51, 204*
Mustela putorius *204*
Mustela vulgaris *52, 204*
Myrmeleon formicarius *191, 214*
Myrmeleonidae *214*
Nachtschwalbe *86, 210*
Natrix maura *113, 212*
Natrix natrix *114, 212*
Natrix tessellata *115, 212*
Nebelkrähe *212*
Nepa rubra *169*
Netta rufina *66, 208*
Numenius arquata *79, 210*
Nyctalus noctula *38, 204*
Nyctereutes procyonoides *48*
Nymphalis antiopa *214*
Nymphalis polychlorus *214*
Odonata *212*
Ondatra zibethica *45, 204*
Ordensbänder *214*
Oryctolagus cuniculus *39, 204*
Otter *53, 206*
Oxyura spec. *208*
Palaeochrysophanus hippothoe *187*
Panorpa communis *156*
Panurus biarmicus *98, 212*
Papilio machaon *214*
Pappelschwärmer *151, 214*
Pararge aegeria *150*
Parnassius apollo *186, 214*
Parnassius mnemosyne *214*
Parus major *100, 212*
Passer domesticus *210*
Passer montanus *212*

Passeriformes *212*
Pelecaniformes *206*
Pelobates fuscus *126, 212*
Perdix perdix *208*
Phalacrocorax carbo *206*
Phasianus colchicus *210*
Phoenicopteriformes *208*
Pica pica *212*
Picidae *210*
Pinien-Prozessionsspinner *164*
Pisces *138, 212*
Plecotus auritus *37, 204*
Podarcis campestris *109, 212*
Podarcis muralis *108, 212*
Podarcis sicula *109, 212*
Podiceps cristatus *206*
Podiceps nigricollis *206*
Podiceps ruficollis *206*
Podicipedidae *206*
Porzana porzana *76, 210*
Procellariiformes *206*
Procyon lotor *50, 204*
Pteroclidae *210*
Purpurreiher *63, 206*
Pyrrhocorax pyrrhocorax *101, 212*
Pyrrhocoris apterus *146*
Rabenkrähe *212*
Rackenvögel *210*
Rana arvalis *131, 212*
Rana dalmatina *132, 212*
Rana esculenta *133, 212*
Rana latastei *134, 212*
Rana lessonae *135, 212*
Rana ridibunda *136, 212*
Rana temporaria *137, 212*
Rebhuhn *208*
Reh *60, 206*
Reiherente *208*
Remiz pendulinus *99, 212*
Reptilia *103, 212*
Rhinolophus ferrum-equinum *36, 204*
Rhone-Streber *140, 212*
Riesenholzwespe *147*
Ringelnatter *114, 212*
Ringeltaube *210*
Riparia riparia *92, 212*
Röhrenspinne *160*
Rohrweihe *71, 208*
Rote Waldameise *141, 212*
Rotfuchs *204*
Rothirsch *58, 206*
Rotkopfwürger *95, 212*
Rotmilan *70, 208*
Rotrückenwürger *94, 212*
Ruderfüsser *206*
Ruineneidechse *109, 212*
Rupicapra rupicapra *62, 206*
Saatkrähe *102, 212*
Säger *208*
Salamander *212*
Salamandra atra *118, 212*
Salamandra salamandra *119, 212*

Salentia *212*
Salmo trutta *138*, *212*
Säugetiere *33*, *204*
Sauria *212*
Saxicola torquata *97*, *212*
Sciurus vulgaris *204*
Scolopax rusticola *210*
Seefrosch *136*, *212*
Seetaucher *206*
Segelfalter *157*, *214*
Segler *210*
Serpentes *212*
Siebenschläfer *204*
Sikahirsch *59*, *206*
Silbermöwe *81*, *210*
Skorpionsfliege *156*
Smaragdeidechse *106*, *212*
Somateria spec. *208*
Sorex alpinus *34*, *204*
Spechte *210*
Sperber *68*, *208*
Sperlingsvögel *212*
Sphingidae *214*
Springfrosch *132*, *212*
Succinea putris *179*
Sumpfschildkröte *103*, *212*
Sus scrofa *57*, *206*

Schellente *208*
Schildkröten *212*
Schillerfalter *214*
Schlangen *212*
Schlangenadler *72*, *208*
Schlingnatter *111*, *212*
Schmetterlingshaft *162*, *214*
Schmetterlingshafte *214*
Schneehase *40*, *204*
Schneehuhn *208*
Schreitvögel *206*
Schwalbenschwanz *214*
Schwäne *208*
Schwärmer *214*
Schwarzer Apollo *214*
Schwarzhalstaucher *206*
Schwarzkehlchen *97*, *212*
Schwimmenten *208*

Steinadler *67*, *208*
Steinhuhn *75*, *208*
Steinkauz *85*, *210*
Steinmarder *54*, *206*
Sterna hirundo *82*, *210*
Stockente *208*
Streptopelia decaocto *210*
Streptopelia turtur *210*
Strigidae *210*
Sturmschwalben *206*
Sturmvögel *206*

Tadorna spec. *208*
Tafelente *208*
Tagpfauenauge *214*
Tauchenten *208*
Teichmolch *123*, *212*
Teichmuscheln *214*

Testudines *212*
Tetrao tetrix *208*
Tetrao urogallus *74*, *208*
Tetrastes bonasia *208*
Tettigonia viridissima *154*
Thaumetopoea pityocampa *164*
Trauermantel *214*
Tringa glareola *80*, *210*
Triturus alpestris *120*, *212*
Triturus cristatus *121*, *212*
Triturus helveticus *122*, *212*
Triturus vulgaris *123*, *212*
Tümpelfrosch *135*, *212*
Tüpfelsumpfhuhn *76*, *210*
Türkentaube *210*
Turteltaube *210*

Uferschwalbe *92*, *212*
Uhu *84*, *210*
Unio spec. *214*
Upupa epops *88*, *210*
Urocerus gigas *147*
Ursus arctos *49*, *204*

Vanessa atalanta *214*
Vipera aspis *116*, *212*
Vipera berus *117*, *212*
Vipernatter *113*, *212*
Vögel *63*, *206*
Vulpes vulpes *204*

Wachtel *210*
Waldbrettspiel *150*
Waldschnepfe *210*
Wanderfalke *73*, *208*
Waschbär *50*, *204*
Wasserfrosch *133*, *212*
Wasserraubspinne *176*
Wasserskorpion *169*
Watvögel *210*
Wechselkröte *129*, *212*
Weichtiere *214*
Weinbergschnecke *143*, *214*
Weißstorch *65*, *206*
Wendehals *90*, *210*
Widderchen *163*
Wiedehopf *88*, *210*
Wiesenpieper *93*, *212*
Wildgänse *208*
Wildkaninchen *39*, *204*
Wildkatze *55*, *206*
Wildschwein *57*, *206*
Wolf *47*, *204*
Würfelnatter *115*, *212*

Zauneidechse *105*, *212*
Zitronenfalter *192*
Zornnatter *110*, *212*
Zwergmaus *46*
Zwergreiher *64*, *206*
Zwergschnepfe *210*
Zwergtaucher *206*
Zygaena transalpina *163*